MARCO

9783829724920
W0073255

Insider Tipps

KALIFORNIEN

KANADA

Washington

Montana

North Dakota

Oregon

Idaho

South Dakota

Kalifornien
Sacramento

Wyoming

Nebraska

Iowa

Nevada

Utah

Denver

USA

San Francisco

Colorado

Kansas

Los Angeles

Arizona

New Mexico

Oklahoma

Texas

MEXIKO

MARCO POLO Autor Karl Teuschl

Der seit Langem auf Amerika spezialisierte Autor und Filmemacher liebt die Energie Kaliforniens, das er seit seiner Studienzeit in Los Angeles kennt. Ihn faszinieren vor allem die großartige Natur und die Trends, die aus Kalifornien kommen. „Was heute in Kalifornien angesagt ist, gibt es übermorgen im Rest der Welt." Als Nordamerika-Korrespondent von GEO Saison lebt er heute in München und Vancouver.

www.marcopolo.de/kalifornien

Die besten Insider-Tipps → S. 4

INSIDER TIPP

Best of ... → S. 6

San Francisco → S. 32

Der Norden → S. 44

SYMBOLE

INSIDER TIPP Insider-Tipp

★ Highlight

●●●● Best of ...

☼ Schöne Aussicht

☺ Grün & fair: für ökologi-
sche oder faire Aspekte

(*) kostenpflichtige Tele-
fonnummer

**PREISKATEGORIEN
HOTELS**

€€€ über 180 Euro

€€ 80–180 Euro

€ bis 80 Euro

Die Preise gelten für ein
Doppelzimmer pro Nacht
ohne Frühstück

**PREISKATEGORIEN
RESTAURANTS**

€€€ über 30 Euro

€€ 15–30 Euro

€ bis 15 Euro

Die Preise gelten für ein
Hauptgericht mit Suppe
oder Salat am Abend,
mittags ist es meist deutlich
günstiger

Titelthemen: Highway 1 entlang der Pazifikküste S. 60 | Achterbahn der Extraklasse S. 88

INHALT

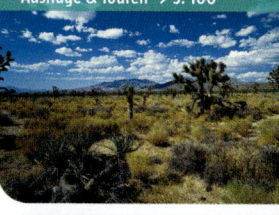
Zentralkalifornien → S. 56

Ausflüge & Touren → S. 100

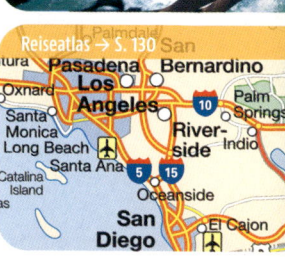
Sport & Aktivitäten → S. 106

Reiseatlas → S. 130

GUT ZU WISSEN
Geschichtstabelle → S. 12
Patent 139.121 → S. 22
Spezialitäten → S. 26
The Lost Coast → S. 53
Big Bad Bodie → S. 71
Kulissenstadt L. A. → S. 81
Die Wüste droht → S. 90
Währungsrechner → S. 119
Bücher & Filme → S. 120
Was kostet wie viel? → S. 121
Wetter → S. 122

KARTEN IM BAND
(132 A1) Seitenzahlen und
Koordinaten verweisen auf
den Reiseatlas
(138/139) Karte von Los
Angeles
(U A1) Koordinaten für die
Karte von San Francisco im
hinteren Umschlag
Es sind auch die Objekte mit
Koordinaten versehen, die
nicht im Reiseatlas stehen

UMSCHLAG HINTEN:
FALTKARTE ZUM
HERAUSNEHMEN →

FALTKARTE
(🗺 A–B 2–3) verweist auf
die herausnehmbare Falt-
karte
(🗺 a–b 2–3) verweist auf
die Karte von San Francisco
auf der Faltkarte

Die besten MARCO POLO Insider-Tipps

Von allen Insider-Tipps finden Sie hier die 15 besten

INSIDER TIPP **Fernblick vom Steilhang**

Fast 1000 m hoch steht man am *Glacier Point* über der Talsohle des Yosemite National Park (Foto re.). Die lange Anfahrt scheuen viele Besucher, aber es lohnt sich → S. 71

INSIDER TIPP **Die Wüste lebt**

Erleben Sie Kängururatten und Schlangen in den Kakteengärten des *Living Desert*, Palm Springs. Am Spätnachmittag werden die Tiere aktiv → S. 94

INSIDER TIPP **Wildeste Achterbahnen**

In *Knott's Berry Farm* bei Anaheim geht's im freien Fall in den Abgrund. Der Glanz des Nachbarn Disney überstrahlt Knott's etwas, aber die Fahrattraktionen lohnen sehr → S. 89

INSIDER TIPP **Appetit auf Tacos?**

Die Stände im quirligen *Grand Central Market* in Los Angeles servieren die besten mexikanischen Snacks – und Sie sind wahrscheinlich die einzigen Gringos hier → S. 77

INSIDER TIPP **Amerika pur**

Traditionell und sehr amerikanisch: Jahrmärkte wie der *San Diego County Fair* (Foto o.) wirken so retro, als wären sie in den 1960er-Jahren stecken geblieben. Herrlich kitschig, und oft gibt es auch eine Parade → S. 115

INSIDER TIPP **Caffè Latte mit Blick über die Bucht**

Samstagmorgen ist der *Farmer's Market* der Biobauern Nordkaliforniens am Ferry Building in an Francisco beliebt als Treff. Vom Ufer der Bay bietet sich hier eine schöne Aussicht über die Bucht und auf die Oakland Bay Bridge → S. 41

INSIDER TIPP **Wie eine gotische Kathedrale**

Die 100 m hohen Baumriesen überschatten die Pfade im *Redwood National Park*. Besonders schön sind die Nebenstraßen wie die Douglas Park/Howland Hill Road, die sich tief in die Urwälder schlängeln → S. 47

INSIDER TIP **Bummel auf der Plaza**

In *Sonoma* trifft man sich auf dem Stadtplatz, der mit viel Charme der Pionierzeit bezaubert → **S. 54**

INSIDER TIP **Willkommen zur Weinprobe**

Das *Edna Valley* bei San Luis Obispo ist vielleicht das neue Napa Valley – die Weine der noch wenig bekannten Kellereien hier schmecken hervorragend → **S. 67**

INSIDER TIP **Avantgardekunst**

Die *Bergamot Station* in Santa Monica: eine witzige Mischung aus schrägen Trendläden, Cafés und kalifornischer Kunst, die etwas abseits der touristischen Pfade liegt → **S. 80**

INSIDER TIP **Stars gucken**

Ganz oben sind sie vielleicht in einigen Jahren, aber noch kellnern die jungen Talente im schrägen Retrolokal *Mel's Drive-In* am Sunset Boulevard in L. A. oder sitzen am Tresen → **S. 82**

INSIDER TIP **Steaks am Highway**

AJ Spurs in Buellton serviert nur 100 m von der US 101 Westernflair und bestes Fleisch → **S. 69**

INSIDER TIP **Adrenalin pur**

Auch Nichtflieger dürfen im *Tandemflug* über Santa Barbara schweben und sich über phantastische Ausblicke freuen wie sie nur wenige Besucher Kaliforniens ermöglicht bekommen → **S. 108**

INSIDER TIP **Im Galopp durch die Dünen**

Nichts ist schöner, als an einem klaren Morgen am Meer auszureiten. Der *Salinas River State Park* Park bei Monterey ist dafür eine herrliche Kulisse → **S. 109**

INSIDER TIP **Love and Peace**

Auf den Spuren der Flower Children geht's mit spannenden Geschichten über Janis Joplin und den Grateful Dead durch *Haight-Ashbury* in San Francisco → **S. 39**

BEST OF ...

TOLLE ORTE ZUM NULLTARIF
Neues entdecken und den Geldbeutel schonen

● **Riesenräder im Cable Car Museum**
Die Fahrt mit den ratternden Cable Cars (Foto) in San Francisco ist nicht billig. Kostenlos aber ist das *Cable Car Museum*, wo gewaltige Räder die kilometerlangen Kabel antreiben. Ein quietschendes, fauchendes Relikt des Industriezeitalters – beeindruckend → S. 34, 111

● **Gratis ins Fernsehen**
Die Starrollen sind besetzt, aber immerhin als Zuschauer können Sie in Hollywood ohne viel Aufwand ins *Fernsehen* kommen. TV-Studios suchen ständig Applaudierer für Spielshows etc. Einige Jahre später kommt die Serie vielleicht ins heimische Fernsehprogramm → S. 82

● **Viktorianische Genüsse**
Eigentlich müsste ein Örtchen wie *Ferndale* Eintritt verlangen, so verspielt ist es. Tut es aber nicht, so dürfen Sie die viktorianische Architektur der Holzbarone ganz umsonst genießen → S. 47

● **Kunst für lau – in Los Angeles**
Die spektakuläre Architektur und die Werke des besten Kunstmuseums Kaliforniens können Sie tatsächlich gratis auf sich wirken lassen – dank Herrn Getty. Der milliardenschwere Stifter des *Getty Center* wollte allen Menschen Zugang zur Kunst ermöglichen. Ebenso großartig ist von hier aus der Panoramablick über L. A. → S. 77

● **Freifahrt in den Wilden Westen**
Fotoapparat gezückt? Der *Highway 49* durch das Gold Country schlängelt sich durch die urigsten Westernstädtchen der Goldrauschzeit. In Jamestown oder Columbia meint man sich stracks in die Pioniertage versetzt – wenn nur die Souvenirläden nicht wären → S. 58

● **Schrille Show**
Die traditionellen *Pride Days* der Schwulen und Lesben sind ein Erlebnis und die herrlich phantasievollen Kostüme bühnenreif – und das ohne Eintritt. Am stimmungsvollsten sind die Paraden Ende Juni in San Francisco und West Hollywood → S. 115

● ● ● ● Diese Punkte zeichnen in den folgenden Kapiteln die Best-of-Hinweise aus

● **Per Pedalkraft übers Golden Gate**
Erst auf einer Radtour (oder auch zu Fuß) über die
Golden Gate Bridge werden Ihnen die Dimensio-
nen der berühmten Brücke klar. 80 m über der
Meerenge liegt die Fahrbahn, und der Wind
pfeift kalt. Trotzdem toll! → S. 37

● **Puder und Pomade**
Warum sehen Stars im Film so gut aus?
Im *Hollywood Museum* erhalten Sie tie-
fe Einblicke in die Arbeit der Visagisten –
und in das Leben berühmter Stars → S. 78

● **Der heilige Berg**
Esoterischer geht's in Kalifornien nicht: Der
Ort *Mount Shasta* ist Tummelpunkt von Ashram-
Jüngern, interstellaren Besuchern und Naturphilosophen. Wenn Sie kein Interesse an Außerirdischen haben, die hier am Fuß des schneebedeckten Vulkans (Foto)
landen sollen, können Sie auch den Gipfel erstürmen → S. 50

● **Seh-Fahrt auf dem Highway 1**
Für viele ist Kaliforniens Küste die schönste der Welt. Dem werden Sie
bei einer Fahrt auf dem *Highway 1* um die Klippen von Big Sur zustim-
men. Jede Kurve eröffnet ein neues Panorama, einen neuen dramatischen Steilhang, einen neuen felsgesäumten Strand → S. 60

● **Die Superlative aller Aquarien**
Ab in die kalifornische Unterwasserwelt: Im *Monterey Bay Aquarium*
befinden Sie sich auf Augenhöhe mit Haien, Tiefseefischen und leuch-
tenden Quallen. Zudem: ein dreistöckiger Wald aus Seetang! → S. 63

● **Tal des Todes**
Über 50 Grad im Schatten, 90 Grad in der Sonne sind im tiefsten Teil
des *Death Valley* nicht selten. Die flirrende Salzwüste von Badwater
liegt fast hundert Meter unter dem Meeresspiegel und garantiert ein
heißes Naturerlebnis → S. 90

● **Die perfekte Welle**
Braun gebrannte Girls und athletische Beachboys, bunte Szene in
Braukneipen und Cafés: *Huntington Beach* ist der gepierrte Nabel der
kalifornischen Surferszene. Ganz gleichmäßig rollen die Wellen an –
perfekt für eine Übungsstunde → S. 93, 109

TYPISCH

BEST OF ...

REGEN

● Bei Regen in den Regenwald
Nieselwetter in San Francisco? Dann durchstreifen Sie doch den Regenwald der *California Academy of Sciences:* Aquarium, Planetarium, Tropenhaus und Naturkundeshow in einem – und die Ikone grüner Technologie in Kalifornien → S. 35

● Edle Tropfen
Wein verkosten im Sonoma oder Napa Valley geht gut auch ohne Sonne. Der *Oxbow Public Market* im Ort Napa bietet als Abwechslung dazu Austern, Käse und Wein-Nippes → S. 53

● Per Bahn zum Goldrausch
Was wäre der Wilde Westen ohne Eisenbahn gewesen? Das riesige *California State Railroad Museum* in Sacramento bewahrt die schönsten alten Loks und die Luxuswaggons der reichen Goldgräber. Alles schön im Trockenen → S. 65

● Zeitreise in die Urwelt der Redwoods
Wie Kulissen aus „Herr der Ringe" wirken die Baumriesen im *Prairie Creek Redwoods State Park* (Foto). Nebelfetzen treiben zwischen den massigen Stämmen, es tropft von sattgrünen Zweigen. Eine Regenjacke reicht, um in diese geheimnisvolle Urwelt einzutauchen → S. 47

● Im Bauch eines Flugzeugträgers
Wann hat man in seinem Leben schon mal die Chance, einen Flugzeugträger zu besichtigen? Im Hafen von San Diego lädt die *USS Midway* zu Allwettertouren durch das gewaltige Schiff → S. 97

● Abtauchen in die Tangwälder
Unter Wasser ist Regen egal: Unternehmen Sie mit Truth Aquatics ein- und mehrtägige Tauchtouren in die spektakulären Tangwälder des *Channel Islands National Park* vor der Küste bei Santa Barbara. Wenn Sie auftauchen, scheint garantiert wieder die Sonne → S. 70

● Meeresrauschen

Falls sich nicht gerade ein Paar das Jawort gibt, können Sie auf den Klippen des *Patricks Point State Park* wunderbar einsame und entspannende Stunden genießen. Allerdings ist es nicht still, denn der Pazifik kracht mit Macht auf die wild zerklüfteten Felsen → S. 48

● Wellness mit Vulkanasche

Haben Sie Lust auf ein Schlammbad in Vulkanasche und Torf? Im Örtchen Calistoga am Nordende des Napa Valley sind dies die traditionellen Spa-Behandlungen des *Indian Springs Resort & Spa*. Doch das Spa-Angebot in Kalifornien hat noch mehr zu bieten … → S. 53, 109

● Vom Winde verweht

In *Bodie*, der wohl fotogensten Geisterstadt der Sierra Nevada, scheinen die Geister des Wilden Westens noch ganz nah. Setzen Sie sich irgendwo in eine Ecke des verlassenen Kaffs, schließen Sie die Augen und lauschen Sie dem Wüstenwind → S. 71, 73

● Almwiesen-Idylle im Yosemite Park

Höher geht es kaum in Kalifornien: Die blühenden Bergwiesen unterhalb des *Tioga Pass* im Yosemite National Park sind ideal für ein Picknick und ein anschließendes Nickerchen in der Sonne → S. 72

● Boardwalk in Venice Beach

Machen Sie es sich auf einer der Bänke am Ocean Front Walk von *Venice Beach* gemütlich, und lassen Sie die schrille Parade der Angelenos wie auf einer Freiluftbühne an Ihnen vorbeiziehen. Wenn es einen Ort gibt, an dem Kalifornien seine ganze kreative Skurrilität zur Schau stellt, dann ist das Venice Beach am Wochenende (Foto) → S. 80

● Entspannung on the Rocks

Duftender Salbei, sonnendurchwärmte Granitfelsen, der Schrei eines Falken in der Ferne: Es gibt kaum etwas Beruhigerendes, als am späten Nachmittag irgendwo im Felslabyrinth des *Joshua Tree National Park* nahe Palm Springs zu sitzen → S. 95

AUFTAKT

ENTDECKEN SIE KALI-FORNIEN!

Kalifornien ist das Traumziel am Pazifik, Amerikas schönster Mix aus grandioser Natur, coolen Städten und sympathisch skurrilen Menschen. Nach dem „Westward, Ho", dem legendären Zug nach Westen, entdeckten die Pioniere in dieser Region ihr gelobtes Land. Trotz großer Mühen wurde für viele hier der amerikanische Traum Wirklichkeit. Bis heute hat dieser Landstrich zwischen Sierra Nevada und Pazifik nichts von seiner Faszination eingebüßt.

Anders als damals lässt sich die Landschaft jedoch heute bequem mit dem Auto durchfahren und genießen. Der Golden State ist das ideale Ziel für Individualisten, die auf eigene Faust die Natur erleben wollen, ohne auf die Annehmlichkeiten der Zivilisation verzichten zu müssen. Ein Superlativ reiht sich hier an den anderen. Die Berge im Nordosten, bepackt mit ewigem Eis, gehören zu den höchsten des Kontinents. Death Valley im Südosten markiert nicht nur den tiefsten Punkt der USA, sondern auch den heißesten. An der Pazifikküste wachsen Bäume höher in den Himmel als ihre Artgenossen. Manche, wie die Sequoias in der Sierra Nevada im Osten,

Bild: Felslandschaft bei Big Sur

gehören dabei zu den ältesten auf der ganzen Welt.

Kaum ein Teil Amerikas ist so gepriesen worden wie der nach Alaska und Texas drittgrößte Staat der USA. Von allem gibt es mehr als genug: mächtige Wasserfälle im Yosemite National Park und kleine, malerische Städtchen an der Küste, raue Wüstenlandschaften und fruchtbare Täler, echte Wale im Ozean und künstliche Micky-Mäuse in Disneyland. Auf einer Fläche etwas größer als Deutschland leben viel weniger Menschen. Von den 38 Mio. Einwohnern konzentriert sich allein mehr als die Hälfte um Los Angeles.

Zwischen Oregon im Norden und Mexiko im Süden bleibt viel Platz für einsame Bergketten, unberührte Wälder und menschenleere Wüste. Das alles wird noch gekrönt: Der Vorrat an Sonne, Sand und Strand ist schier endlos. Wo die Natur so verschwenderisch ist, sind es auch die Menschen: Man hat Zeit. Der kalifornische Lebensstil ist betont locker und entspannt. Das Bild einer froh gelaunten Freizeitgesellschaft – hier kommt es dem Klischee am nächsten: Beachboys fahren mit dem Surfbrett im Auto zum Strand und tanzen auf den Wellen.

Unendlicher Vorrat an Sonne, Sand und Strand

Kalifornien verzauberte schon vor gut 150 Jahren. Der Goldrausch lockte 300 000 Menschen aus allen Winkeln der Welt an. Zwar fanden die wenigsten das begehrte Edelmetall, doch das neue Land bot allen eine Chance – zuerst beim Bau der Eisenbahn, später im Ölgeschäft und dann vor allem in der Landwirtschaft. Die heranwachsende Filmindustrie, die sich zu Beginn des 20. Jhs. in Los Angeles niederließ, machte den amerikanischen Traum *made in California* der ganzen Welt zugänglich. Nun

25 000–12 000 v. Chr.
Prähistorische Indianerstämme besiedeln von Norden her Kalifornien

1542
Juan Rodriguez Cabrillo erkundet die Gewässer nördlich von Mexiko

1769
Junípero Serra gründet in San Diego die erste von 21 Missionen an der Küste

1812
Russische Pelzhändler gründen den einen Posten in Nordkalifornien

1848
Mexiko tritt Kalifornien an die USA ab. Große Goldfunde locken 300 000 Abenteurer aus aller Welt an

Schon der Flughafen von Los Angeles bietet außergewöhnliche Anblicke

basteln Hightechbranchen an der Zukunft. Kalifornien verfügt über die sechststärkste Wirtschaft der Welt. Jedoch hat das Modell eines verschwenderischen, liebens- und lebenswerten Lebens auch seine Schattenseiten.

Die dem Auto huldigenden Kalifornier produzierten wuchernde Metropolen, die vor Aktivität strotzen, aber die Natur bedrohen. Kalifornien, politisch liberal und ökologisch sensibel, hat sich zwangsläufig zum Schrittmacher für umweltpolitische Neuerungen entwickelt. Die ernsthaften

Schrittmacher für umweltpolitische Neuerungen

Ansätze für eine Stromproduktion mit Sonnen- und Windenergie weisen den Weg in die Zukunft der alternativen Brennstoffe.

Energie wird auch in den kommenden Jahren ein wichtiges Schlagwort bleiben, da die Bevölkerung stetig wächst. Mexikaner, die legal oder illegal einwandern, verändern die Bevölkerungsstruktur. Mittlerweile gelten fast 35 Prozent aller Kalifornier als *hispanics* (so die offizielle Bezeichnung). Dies lässt die Zeit der Anglo-Amerikaner fast wie eine Zwischenära erscheinen. Denn kolonialpolitisch gehör-

1850
Kalifornien wird 31. US-Bundesstaat

1869
Die Eisenbahn verbindet Ost- und Westküste

1890
Auf Drängen John Muirs, des „Vaters" der kalifornischen Naturschützer, wird das Yosemite-Tal Nationalpark

1906
Ein schweres Erdbeben zerstört in San Francisco 28 000 Häuser

1911
Die Filmindustrie etabliert sich in Hollywood und produziert 1913 den ersten Kinofilm

ten *Baja* (das untere) *California* und *Alta* (das obere) *California* zu Mexiko und wurden mit ihm 1821 von Spanien in die Unabhängigkeit entlassen. Die aus dem Osten an den Pazifik drängenden Amerikaner betrieben die Abspaltung des Nordteils. 1846 gründeten Siedler im Schatten des mexikanisch-amerikanischen Kriegs die *California Republic,* die wegen des Bären auf der Fahne auch als *Bear Flag Republic* in die Geschichtsbücher eingegangen ist. 1850, als mit dem Goldrausch das Interesse Washingtons am Land im fernen Westen erwacht war, wurde das junge Kalifornien der 31. Staat der USA.

Kalifornien: die Bear Flag Republic

Trotz der heute großen Anzahl an *hispanics* kommt man als Besucher mit Englisch mühelos durch. Doch für eine Reise sollte man die Distanzen und die kulturellen Eigenheiten der Regionen bedenken. Eigentlich wäre jede der drei Regionen, in die man Kalifornien nach geografischen und touristischen Kriterien aufteilt, und jede der Metropolen eine eigene Reise wert. Wer jedoch die Vielfalt des Lands auf einer Rundfahrt kennenlernen möchte, kann sich eine Reise mit echten Höhepunkten zusammenstellen: Im ruhigen, teils noch richtig einsamen Nordkalifornien warten stille Buchten am Pazifik und urweltliche Redwoodwälder, dazu die faszinierenden Vulkangipfel von von Mount Shasta und Cascade Range. In Zentralkalifornien dürfen Sie die Fahrt entlang der atemberaubenden Steilküste auf dem Highway 1 zwischen San Francisco und Los Angeles nicht verpassen sowie jenseits des Central Valley die hochalpine Bergwelt der Sierra Nevada mit ihren 3000 Jahre alten Mammutbäumen, berühmten Naturparks wie Yosemite und Geisterstädten aus der Goldgräberzeit.

Südkalifornien schließlich lockt mit seinen Badestränden, Vergnügungsparks und wildromantischen Wüsten und ist dank seiner südlichen Lage rund ums Jahr gut zu bereisen. Das Binnenland zeigt sich zur Zeit der Wüstenblüte im März und April von seiner schönsten Seite. Die schon von den Beach Boys besungene Surferszene an den Stränden zwischen San Diego und Los Angeles wiederum genießt das lockere Leben vor allem im Hochsommer und Herbst, wenn der Pazifik warm genug ist zum Baden. Und der Winter ist die schönste Zeit zum Golfen in Palm Springs oder für Wanderungen im sonst glühend heißen Tal des Todes.

1937
Die Golden Gate Bridge wird eröffnet

1941–45
San Francisco wird zum Stützpunkt der Pazifikflotte, in Los Angeles boomt die Flugzeugindustrie

1955
Eröffnung von Disneyland, dem Prototyp der amerikanischen Freizeitparks, in Los Angeles

1967
Die Hippiebewegung feiert in San Francisco ihren „Summer of Love"

1977
Die ersten PCs, *personal computer,* kommen auf den Markt

Am Mono Lake erheben sich skurrile Tuffsteinformationen aus dem Wasser

Nicht zu vergessen: die stimulierenden Super-Metropolen San Francisco und Los Angeles. Sie liegen nahe genug beieinander, um sie auf einer einzigen Reise kennenzulernen, doch weit genug voneinander entfernt, um ihre unterschiedlichen Charaktere zu wahren: Die innovative Stadt am Golden Gate gibt sich eher europäisch und kultiviert, ist stolz darauf die Wiege von Internet und iPad zu sein. Die Entertainmentkapitale eine Tagesreise weiter südlich hingegen versteht sich als Drehscheibe für Extrovertiertes, Show und Glamour.

Stimulierende Super-Metropolen

All dies bedeutet: Kalifornien bietet mehr als jede andere Region in Amerika. Doch wer viel sehen will, legt dabei große Entfernungen zurück. Um Kalifornien wirklich zu erleben, müssen Sie sich schon etwas Zeit nehmen.

1984
Olympische Sommerspiele in Los Angeles

1994
Ein Erdbeben der Stärke 6,7 erschüttert Los Angeles

1996–2000
San Francisco wird Hauptstadt des Internetbooms

2003
Arnold Schwarzenegger wird zum Gouverneur von Kalifornien gewählt

2008/09
Finanzkrise, die Grundstückspreise stürzen ab

2013
Große Brände lodern wochenlang in den Wäldern des Yosemite National Park

IM TREND

1 Minimize me

Small-Plate-Cuisine Vielfältig und kalorienbewusst: Kein Problem dank der Neuerfindung der Tapas. Gegrillte Wassermelone oder Sesam-Spaghettini mit koreanischem Kimchi werden in Venice im schicken *Superba (533 Rose Av. | Los Angeles | superbasnackbar.com)* serviert, Mini-Tacos mit Angusrind gibt's in San Franciscos *Circa (2001 Chestnut Street | www.circasf.com),* und Polenta-Fritten, Thunfisch-Tacos und Mini-Burger mit Basilikum-Aioli im *Andalu (3198 16th Street | andalu.org)*.

Zurück zur Natur

2

Selbstversorger In den Hinterhöfen der Städte wird es grün. Überall auf leeren Grundstücken entstehen *community gardens,* in denen die Anwohner gemeinsam Beete anlegen Gemüse züchten. *Amyitis (amyitis.wordpress.com) (Foto)* bringt Neulingen das urbane Gärtnern in Workshops bei. Star der Szene ist Novella Carpenter *(ghosttownfarm.wordpress.com).* Die Autorin von „Farm City, the Education of an Urban Famer" hält regelmäßig Vorträge zum Thema, beispielsweise auf den *Green Festivals (www.greenfestivals.org).*

3 California Fashion

Go local Nicht aus Paris, sondern aus Oakland stammt Designerin Cari Borja *(www.cariborja.com)*, die mit ihren verspielten Designs weltweit Fans findet. Ihre Kreationen gibt es bei *Red Bird (Domingo Av. 2918 | Berkeley)*. Sacramento ist die Heimat von Mika Pascuals Must-have-Entwürfen für *Exquisitely Eclectic (www. exquisitelyeclectic.webs.com)*. Bei *Colleen Quen (131 8th Street | San Francisco | www. colleenquencouture.com)* sind Seide, Brokat und Chiffon die Arbeitsmaterialien für edle Roben.

Filmreife Workouts

Mit Spaß beim Sport   Einfach nur schwitzen ist den körperbewussten Kaliforniern nicht genug. Bei *Crunch (8000 Sunset Blvd. | www. crunch.com)* in L. A. (auch in anderen Städten) sorgen Kurse wie Power Yoga, Powerwave Battle Roping und Washboard Abs für Idealmaße. Dazu wird nach dem Body-shred-Programm der Fitnesskönigin Jillian Michaels trainiert. Noch mehr Mut erfordert das Workout bei *Hollywood Aerial Arts (3838 W 102nd Street | www.hollywoodaerialarts. com)* in Inglewood, denn dort werden die Bauchmuskeln am Trapez geformt. Bei Höhenangst führt der Weg zur *Debbie Allen Dance Academy (3791 Santa Rosalia Drive | Los Angeles | www.debbieallendanceacademy.com)*. Dort steht Clowning auf dem Programm. Der coole Tanz macht auch Tanzmuffeln Spaß.

Nebensache Kunst

Feiern statt fachsimpeln   Wer den Weg in die Galerie oder ins Museum scheut, kommt in San Francisco dank cooler Events trotzdem auf seine Kunst-Kosten. Perfekt sind die Partys der *Minna Gallery (111 Minna Street | www.111minnagallery. com) (Foto)*. DJs, Drinks und Filme helfen, den ersten Schritt zu machen. Leicht macht es einem auch die Galerie des alternativen Buchladens *Adobe Books (3130 24th Street | www.adobebackroomgallery.com)*. Seit 2013 werden in neuen Räumen im Mission District experimentelle Performances und Ausstellungen gezeigt. Livemusik und Performances gibt es häufig auch in der *Galerie Intersection of the Arts (925 Mission Street | theintersection.or)*.

STICHWORTE

BIO FOOD

Das Zauberwort heißt  *organic,* am besten sogar *certified organic,* also Bioware mit Prüfstempel. Kalifornien ist schon seit den Hippie-Tagen Vorreiter der heute immer stärker anschwellenden Ökowelle. Viele Städte richten wöchentliche Bauernmärkte aus, *farmer's markets,* zu denen oft nur *certified farmers* zugelassen sind. Einer der größten Nordkaliforniens findet im Sommer jeden Samstag auf der Plaza im Uni-Städtchen Arcata bei Eureka statt. Weitere Märkte finden sie hier: *www.cafarmersmarkets.com.*

Im *health food store,* einer Art Reformhaus, kaufen die Kalifornier ihr ökologisch angebautes Müsli. Aber auch die regulären Supermärkte bieten immer

mehr Ökoware an. Dazu gibt es mittlerweile große Bioketten wie *Whole Foods* oder *Trader Joe's (www.traderjoes.com),* die vom Biowein bis zum Sushi aus nachhaltigem Fang nur ökologisch korrekte Produkte anbieten. Hier kommen die Besitzer der Kette allerdings aus Europa: Trader Joe's gehört zu Aldi!

CALIFORNIA CRAZY

Schön ist, was gefällt: Nach diesem Motto bauen die Kalifornier am liebsten. Ein typisch kalifornischer Stil entstand erstmals nach dem Zweiten Weltkrieg, als die Diner und Coffeeshops riesige Fenster und kühn hervorkragende Dächer erhielten und drinnen pralle, ketchuprote Sitzbänke, die im grellen Neonlicht glänzten. „Googie" wurde die-

Kalifornien setzt Maßstäbe für die Welt – mit großen Errungenschaften ebenso wie mit Umweltproblemen

ser Stil genannt, und phantasievoll ging es weiter. Das Hamburger-Restaurant in Form eines Hamburgers, die Immobilienfirma Sphinx in einem als Sphinx geformten Haus, ein Dinosauriermuseum in einem riesigen Dinosauriermodell – Kalifornien hat sich in den letzten Jahrzehnten zu einem architektonischen Freistilparadies entwickelt, in das sich nahtlos auch die abenteuerlichen Wohnhäuser aus *redwood* an der Küste Nordkaliforniens einfügen. Der Fachbegriff für die grotseskesten Auswüchse: *California Crazy*.

Die Wolkenkratzer Kaliforniens sind übrigens alle jüngeren Datums. Erst seit erdbebensicher gebaut werden kann, wird hier auch hoch gebaut. Wie hoch, das zeigt die neue Downtown von Los Angeles, die seit etwa zehn Jahren einen Bauboom erlebt.

ERDBEBEN

Die Westküste sitzt auf dem *Ring of Fire,* einer Vulkan- und Erdbebenzone rund um den Pazifik. Die Reibung der tektonischen Platten am Rand des Kontinents verursacht ruckartige Bewegungen, die sich als Erdbeben an der Oberfläche bemerkbar machen. Die bisher schwersten Beben an Kaliforniens bekanntester Reibungslinie, dem San-Andreas-Graben, ereigneten sich 1857 in Los Angeles sowie 1906 und 1989 in San Francisco, mittelschwere Beben in Long Beach (1933) und im Norden von Los Angeles (1994). Geologen sind allerdings der Ansicht, dass die ganz große Katastrophe, *The Big One,* noch aussteht.

füchse, Waschbären, Elche, in höheren Lagen Bergziegen, Murmeltiere und Schwarzbären.

Die hervorstechenden Pflanzen Kaliforniens sind die *redwoods* (mit mehr als 100 m die höchsten Bäume der Welt), *sequoias* (Mammutbäume, mit bis zu 30 m Umfang die an Masse größten Lebewesen der Welt), Palmen, Kakteen und Yuccapflanzen wie die *Joshua trees,* nach denen ein ganzer Nationalpark in Südkalifornien benannt wurde. Wilde

Clever und putzig sind die vor der kalifornischen Küste lebenden Seeotter

F AUNA & FLORA

Auch wenn Grizzlybär und Kalifornischer Kondor aus der freien Natur verschwunden sind, bietet Kalifornien noch immer vielen bedrohten Tieren Lebensraum. Die Heimat von unter anderem 123 Amphibien und Reptilien, 260 Vogelarten und 27 000 verschiedenen Insekten gestattet entlang der Küste den Blick auf Wale, Seelöwen, Seehunde sowie Seeotter. An Land entdeckt man – mit etwas Glück – Wiesel, Luchse, Grau-

Blumen blühen von Frühling bis Herbst in allen Farben. In den Bergen wachsen Begonien, Zwiebeln, Astern und Schafgarbe, in der Wüste widerstandsfähige Sträucher wie der Kreosotbusch mit olivgrünen Blättern und gelben Blüten.

H OLLYWOOD

Als sich die ersten Filmfirmen in Hollywood niederließen, schufen sie die Basis für eine Industrie, die längst weltumspannend über das Kinogeschäft hinausreicht. Das US-Fernsehen begann in den 1950er-Jahren damit, die großen Studiogelände, die in der Stummfilmzeit entstanden waren, als Produktionsstätten für den wachsenden Bedarf an TV-Serien zu nutzen. Heute ist das Fernsehen der größte Zweig der kalifornischen Unterhaltungsindustrie. Durch die wachsende wirtschaftliche Verflechtung von Unternehmen zogen ab Anfang der 1970er-Jahre auch die großen Schallplattenfirmen an die Westküste. Die Bedeutung des Entertainmentbusiness für Los Angeles lässt sich nicht nur an der jährlichen Verleihung von Oscars, Grammys, Emmys und anderen Auszeichnungen für Unterhaltungskünstler ablesen. Mit rund 250 000 Beschäftigten und ungezählten Nachwuchstalenten, die auf ihre Chance hoffen, prägt das Showgeschäft den Lebensstil. Sichtbar wird er vor allem an den Superreichen, die sich in Beverly Hills und Malibu hinter hohen Mauern wahre Traumhäuser gebaut haben.

INDIANER

Die Ureinwohner Amerikas kamen vor etwa 12 000 bis 25 000 Jahren über die Beringstraße aus Asien ins Land. Sie lebten westlich der Rocky Mountains verstreut in kleinen Dörfern – insgesamt wohl eine halbe Million Menschen. Da sie keine Schriftsprache und kaum entwickelte Handwerkstechniken besaßen, haben sie außer in Höhlenmalereien und einigen meisterlich geflochtenen Körben, die heute in Museen bewahrt werden, wenig Hinweise auf ihre Kultur hinterlassen. Die ersten Europäer, die per Schiff an Kaliforniens Küsten landeten, wurden freundlich begrüßt. Die Miwoks etwa adelten Sir Francis Drake, als er an Land ging, mit einer Krone aus Federn.

In der Nähe der spanischen Missionen wurden von 1770 an die Küstenstämme durch Krankheiten wie Masern, Windpocken und Syphilis dezimiert. Die aus dem Osten heranrückenden Siedler drängten die Indianer des Inlands gegen manchen Widerstand zurück. In den Bergen Nordostkaliforniens kämpften die Modocs einen mehrjährigen, vergeblichen Guerillakrieg gegen US-Truppen. 1870 waren fast 90 Prozent der Ureinwohner ausgelöscht, die Überlebenden in kleine Reservationen auf minderwertigem Land eingewiesen. Ihre Nachkommen leben noch heute dort, viele – wie die Cahuila bei Palm Springs, die Paiute-Shoshonen in Owens Valley und die Hupa an der Nordküste – sehr zurückgezogen. Zahlreiche der rund 400 000 kalifornischen Indianer wohnen heute aber auch in den Großstädten.

NACHHALTIGKEIT

Sustainability, also Nachhaltigkeit, ist das neue Schlagwort der Ökofreunde in Kalifornien. Während sich die Bundesregierung in Washington beim Umweltschutz eher zögerlich zeigt, haben der Staat und auch viele Städte Kaliforniens eigene Ökoinitiativen gestartet. So verbot San Francisco als erste Stadt Amerikas Plastiktüten, und seit 2011 sind die Taxis der Stadt Hybridfahrzeuge oder fahren mit Biokraftstoff. Viele Restaurants servieren Fisch nur aus nachhaltigem Fang, Wissenschaftler des Monterey Bay Aquarium geben dafür eine ständig kontrollierte Liste heraus. Öffentliche Gebäude und auch Hotels werden immer häufiger nach sogenannten *LEED standards* gebaut. LEED steht für *Leadership in Energy and Environmental Design,* das besonders strikte Regelwerk des US Green Building Council, *www.usgbc.org.*

NATIONALPARKS

Neun der 59 amerikanischen Nationalparks befinden sich in Kalifornien: Channel Islands, Death Valley, Joshua

Tree, Kings Canyon, Lassen Volcanic, Pinnacles, Redwood, Sequoia und Yosemite. In diesen Naturschutzgebieten überleben viele der 260 Vogelarten, über 100 Reptilien und Amphibien sowie Wale, Seelöwen, Graufüchse und Schwarzbären, beschützt von einem gewaltigen Heer von Förstern, *rangers* genannt. Die Territorien dienen dem Artenschutz und ermöglichen über 280 Mio. Besuchern im Jahr (Gesamt-USA), das Wunder Natur und die geologische Entwicklung der Erde aus der Nähe zu betrachten.

Je stärker sich der Naturschutzgedanke durchsetzte, desto mehr Gebiete wurden unter Schutz gestellt *(National Monument),* als hegenswertes Waldareal *(National Forest)* oder als Erholungszonen *(National Recreation Area)* der privaten Nutzung entzogen. Mit einem *America the Beautiful Annual Pass* für 80 $ erhalten Passinhaber plus Auto und drei Passagiere freien Eintritt für ein Jahr in allen Parks und anderen bundesstaatlichen Schutzgebieten. Weitere Infos unter *www.nps.gov.*

POLITIK & GESETZE

Die föderative Ordnung garantiert den 50 Bundesstaaten der USA Gestaltungsspielräume, besonders im Erziehungswesen und im Strafrecht. Kalifornien beispielsweise vollstreckt inzwischen wieder die Todesstrafe, räumt Frauen das Recht auf Abtreibung ein, belegt den Besitz von bis zu 25 g Marihuana mit einer Geldbuße von bis zu 500 $ und reglementiert den Alkoholverkauf (Mindestalter 21 Jahre, Ausschankverbot zwischen 2 und 6 Uhr).

Oberster Repräsentant des Staats ist derzeit Gouverneur Jerry Brown, der zusammen mit den Politikern zweier Gesetzgebungskammern regiert. Die Wahlbevölkerung greift – ähnlich wie in der Schweiz – per Volksabstimmung, genannt Referendum, in die Politik ein.

SILICON VALLEY

Die Wortschöpfung für die massive Ansiedlung von Computer- und Chipherstellern im Santa Clara Valley dokumentiert Kaliforniens Innovationskraft. Das

PATENT 139.121

Als der in Franken geborene Levi Strauss 1847 in New York ankam, ahnte er nicht, dass sein Name einst zum Markenzeichen werden würde. Für sechs Jahre ging er nach San Francisco, mit dem Ziel, die Goldgräber zu versorgen. Einer seiner Partner wurde der Schneider Jacob Davis, der bei Levi reißfestes Segelzeug en gros kaufte. Der mit Indigo blau gefärbte Stoff, den Herr Strauss importierte, kam übrigens damals oft aus Frankreich, aus Nîmes. Deshalb heißen Jeans in Amerika bis heute oft auch „Denim". Da bei einem Kunden die Hosentaschen immer zerrissen, hatte Davis eines Tages die Idee, die Taschen und alle Säume mit Metallnieten zu verstärken. Diese „Nietenhosen" wurden bei den Goldgräbern sofort ein Hit. Allerdings fehlte Davis das Geld, um seine Idee schützen zu lassen: Das Patentamt verlangte 68 $. Davis wandte sich Hilfe suchend an Levi Strauss. Der erkannte das Potenzial der neuartigen Hose sofort und stieg ein. Am 20. Mai 1873 erhielten die beiden Männer vom *Patent and Trademark Office* das Patent Nr. 139.121 – Geburtsstunde der Blue Jeans.

Silicon Valley – das globale Zentrum der Zukunftstechnologie

40 km lange Tal mit fast 1000 Firmen wurde während des Zweiten Weltkriegs von Absolventen amerikanischer Elite-Universitäten, Banken und staatlichen Stellen zu einem Zentrum der Elektronikindustrie aufgebaut. Heute befinden sich hier auch die wichtigsten Firmen für Laser- und Gentechnologie sowie Telekommunikation und Internet.

SMOG

Los Angeles, die Stadt der *freeways* und der Autos, ist für ihren Smog berüchtigt: Seit Jahren warnt die *American Lung Association* vor der schlechtesten Luft der USA. Doch das eine bedingt das andere. Mit den strengsten Umweltgesetzen der Nation versucht Kalifornien u. a. die Luftverschmutzung in L. A. in den Griff zu bekommen. So konnte der Smogpegel um 75 Prozent gesenkt werden. Man sieht nun häufiger Hybrid- und Elektroautos und an so manchen Parkplätzen auch Steckdosen zum Auftanken für die schad-

stofffreien Flitzer. Und von den Aussichtspunkten am Mulholland Drive oder vom Getty Museum aus zeigt sich L. A. nun häufiger in verblüffend klarer Panoramasicht.

WASSERKNAPPHEIT

Immer öfter wird den Menschen im Süden für ein paar Stunden das Wasser abgedreht. Allein Greater Los Angeles und San Diego, in die Wüste gebaut und ungebremst wuchernd, benötigen drei Viertel der kalifornischen Trinkwasservorräte. Wie lange die Angelenos noch sorglos ihre Rasen sprengen können, ist seit Jahren ein Streitthema. Das kostbare Nass wird vom größten Pipelinesystem der Welt herangeschafft: Der Colorado-River-Aquädukt allein liefert 3,8 Mio. m³ Wasser täglich! Los Angeles erhält sein Wasser aus der 400 km entfernten Sierra Nevada, aus dem Lake Havasu, der auch San Diego beliefert, und aus dem 700 km entfernten Sacramento Valley.

ESSEN & TRINKEN

Kalifornien ist Amerikas Probierküche für ein neues Gaumenbewusstsein. Und neben amerikanischen sind auch deutschsprachige Köche ihre Propheten: Wolfgang Puck (aus Österreich) und Joachim Splichal (aus Freiburg) z. B. wissen, worauf es ankommt.

Man nehme ausgezeichnete Grundprodukte, ständig neue Rezepte, mische alles mit etwas Chuzpe und würze es mit möglichst vielen prominenten Gästen. Ob bayerische Weißwurst neben marokkanischem Lamm, Salsa aus gelben Tomaten neben mit Kaviar belegter Pizza – Essen *à la californienne* braucht stets ein bisschen Show und neue Reize.

So entstand etwa vor 30 Jahren die *Fusion* oder *California Cuisine.* Ihre charakteristischen Hauptmerkmale sind bis heute:

Koche leicht, variiere die ethnischen Spezialitäten der vielen Völker im Land und besorge alle Zutaten auf den heimischen Märkten. Ständige Innovation und neue Kreationen sind die erklärte Devise.

Immer mehr marktbewusste Restaurants kommen dem Bedürfnis nach. Wolfgang Puck öffnete nach dem Erfolg vom *Spago* in L. A. u. a. das *Chinois* in Santa Monica und eine ganze Kette von *Wolfgang Puck Cafés*. Joachim Splichal, der mittlerweile gut zwei Dutzend Restaurants verstreut über die USA besitzt, betreibt das *Patina* in Downtown L. A. und dort auch die Lokale *Pinot Grill* und *Café Pinot* sowie in die *Pinot Brasserie* in Las Vegas. Auch gewagte lukullische Verbindungen über Kontinente hinweg wie mexikanisch-thailändisch oder franko-japanisch finden

Bild: Caesar Salad

Multikulturell inspirierte Kreationen, gesundheitsbewusste Vollwertkost, die guten alten Steaks – probieren Sie nach Herzenslust

Zuspruch. Puck nennt solches Kochen „multikulturell". Die kalifornische Lust an derlei Innovation stimuliert längst Köche überall in den USA.

Die Wiege der California Cuisine steht allerdings in San Francisco. Alice Waters, Küchenchefin im *Chez Panisse (1517 Shattuck Av. | Tel. 1510 5 48 55 25 | €€€ | preiswerteres Bistro im Obergeschoss)* in Berkeley, machte um 1970 erstmals das Kochen mit regionalen Produkten, das wichtigste Prinzip der neuen kalifornischen Cuisine, zur Maxime.

Die hervorragende Qualität und die enorme Vielfalt der landwirtschaftlichen Produkte Kaliforniens unterstützt die innovativen Köche: Das milde Klima und der gute Boden im Central Valley östlich von San Francisco lässt Obst wie Nüsse und Pfirsiche ebenso gedeihen wie Reis, Mais oder Melonen. Gemüse und Tomaten wachsen rund ums Jahr. Aus den Wüsten im Süden kommen Grapefruits, Datteln und Orangen, von den Wiesen Nordkaliforniens Steaks, feine Käse und andere Milchprodukte. Kein Wunder, dass Kalifornien un-

SPEZIALITÄTEN

▶ **blackened mahimahi** – Goldmakrele, scharf angebraten (mit schwarzer Kruste)

▶ **Caesar salad with chicken strips** – Salat mit Parmesan-Anchovis-Dressing und Hühnchenstreifen

▶ **California roll** – Avocado und Krebsfleisch nach japanischer Art in einer Reisrolle (Foto re.)

▶ **eggs sunny side up with bacon and hash browns** – der Frühstücksklassiker schlechthin: Spiegeleier mit knusprigem Speck und geraspelten Bratkartoffeln

▶ **filet mignon with baked potato** – Filetsteak mit Folienkartoffel

▶ **fish taco with cilantro** – Tortillahülle mit gebratenem Fisch, gewürzt mit Koriander

▶ **French toast with maple sirup** – Brotscheiben in Eihülle (arme Ritter), darüber Ahornsirup

▶ **honey lager microbrew** – Lagerbier aus einer Kleinbrauerei, teils mit Honig gebraut, teils nur wegen der hellbraunen Farbe so benannt

▶ **nachos with guacamole and sour cream** – mexikanische Mais-Chips mit Käse überbacken, dazu Avocadocreme und saure Sahne (Foto li.)

▶ **New York steak with stuffed mushrooms** – Steak mit Fettrand, dazu überbackene und gefüllte, große Portabellopilze

▶ **prime rib with horseradish sauce** – sehr zarte, dicke Bratenscheibe (das beste Fleisch vom Rind) mit Meerrettich serviert

▶ **pumpkin pie** – Kürbiskuchen

▶ **seared tuna with sesame crust** – scharf angebratener Thunfisch mit Sesamkruste

▶ **sirloin steak with corn on the cob** – Lendensteak mit Maiskolben

▶ **strawberry margarita** – mit püriertem Eis gemixter Drink aus Erdbeeren und Tequila

▶ **turkey with stuffing, yams and cranberry sauce** – Truthahn mit Füllung, Süßkartoffeln und Preiselbeermarmelade (ein Klassiker zu Thanksgiving)

---

ter allen US-Bundesstaaten in der landwirtschaftlichen Produktion führend ist. Neuerdings sehr im Trend liegt ☺ Bioware. Viele der gut ausgebildeten Kalifornier besonders in der Region von San Francisco kaufen ihr *organic food* auf *farmer's markets* und in Biosupermärkten. Sogar das *street food* der Würstchen- und Burgerstände folgt dem Trend – oft sind die *all-beef-sausages* sogar *certified organic,* also von unabhängigen Labors getestet. Manche der Imbissbuden bieten selbst echte Gourmetkost an – leicht zu erkennen, denn dann zieht sich zur Lunchpause die Warteschlange um den Block.

Das stark gestiegene Interesse an guten, kreativen Gerichten geht mit einer wachsenden Kennerschaft der angesehenen kalifornischen Weine einher. In den bedeutendsten Anbaugebieten Napa Valley und Sonoma Valley haben sich unzählige neue Winzer auf die gute alte europäische Kunst des Weinbaus besonnen. Sortenreine Weine hatten in den USA lange keinen Markt. Erst als Weintrinker ihre Geschmackssinne auf Traubensorten wie Chardonnay und Sauvignon Blanc (weiß) oder Cabernet Sauvignon und Zinfandel (rot) einzustellen bereit waren, fanden die Bemühungen ambitionierter Winzer wie Robert Mondavi und Kellermeister wie Andre Tchelistcheff ihre Bestätigung. Ein Grund für die gute Qualität ist das Klima. Anders als in Europa ernten die Winzer voll ausgereifte Trauben, die einen kräftigeren Geschmack entfalten. Dieser Geschmack wird durch die Lagerung in Eichenholzfässern abgerundet.

Neben dem Trend zu mehr kulinarischer Raffinesse, die selbstverständlich ihren Preis hat, gibt es auch die bodenständige amerikanische Küche. Am besten: die Speisen vom Grill. In Küstennähe ist frischer Fisch eine gute Wahl, im Landesinnern das obligate Steak mit gebackener Idaho-Kartoffel oder auch ein Hamburger – wenn er nicht aus einer Fast-Food-Braterei stammt. Für Fleisch (und für Thunfischsteaks) heißt es: *rare* (blutig), *medium rare* (mittel) und *well done* (durchgebraten).

Viele Amerikaner beginnen den Tag mit einem Frühstück im Coffeeshop oder im Diner, egal ob in den Metropolen oder in der Provinz. Der Kaffee wird *bottom-less* serviert, was bedeutet, man kann sich ohne Aufpreis nachschenken lassen. Dazu gibt es meist Eier, Speck und Toast. Unterwegs speist man kalorienreich und billig vor allem in den Restaurants der Lastwagenfahrer, den *truck stops.*

Farmer's market in Los Angeles

In allen Restaurants gibt es eine Mittagskarte, das *lunch menu,* mit Sandwiches und Suppen, dessen Preise wesentlich unter denen des *dinner menu* liegen. Die Amerikaner trinken oft Eistee *(ice tea)* oder Kaffee zum Lunch. Ebenfalls populär ist Bier. Der neueste Trend, Bier aus kleinen Privatbrauereien, den sogenannten *microbreweries,* erfreut auch die Gaumen europäischer Besucher. *Dinner* wird, vor allen Dingen in ländlichen Gegenden, schon ab 17 oder 17.30 Uhr und zumeist nur bis 21 Uhr serviert.

Zu den besonderen Regeln in jedem amerikanischen Restaurant gehört es, dass Sie von der Bedienung einen Tisch zugeteilt bekommen. Und noch ein Wort zur Rechnung: Die Umsatzsteuer ist in den Preisen auf der Speisekarte genauso wenig enthalten wie das Trinkgeld *(tip),* das für die Bedienung einen Großteil ihres Lohns ausmacht.

EINKAUFEN

Vor allem seit die Kalifornier ihre Innenstädte renoviert und belebt haben, macht der Einkaufsbummel noch mal so viel Spaß. Das Zentrum von San Diego um die spektakuläre *Horton Plaza,* die *State Street* von Santa Barbara mit ihren hübschen spanischen Innenhöfen, der *Ferry Building Market Place* und die schicke *Union Street* in San Francisco, aber auch die *Third Street Promenade* in Santa Monica mit der ultracoolen neuen *Mall Santa Monica Place* und das elegante *Grove Shopping Center* in Los Angeles sind die lohnendsten dieser Einkaufsmeilen und bieten dazu reichlich California-Flair.

CAMPERPROVIANT

Wer mit dem Mietwagen auf einer Rundreise unterwegs ist, findet überall Gelegenheit, sich mit dem Grundbedarf einzudecken. *Convenience stores* wie *7–11* und *Circle K* oder kleine Läden in Hotels und an Tankstellen verkaufen Getränke und Eiswürfel für die Kühlbox, Kaffee und Donuts, Snacks und Zeitungen. *Drugstores* halten kosmetische Artikel sowie oft in einer *pharmacy* im Hause auch Medikamente bereit. Und für größere Einkäufe lassen riesige Supermärkte wie *Albertson's, Safeway* oder *Walmart* keine Wünsche offen. Achtung: Auf alle Preise wird noch an der Kasse eine Umsatzsteuer *(sales tax)* von mindestens 7,5 Prozent aufgeschlagen, die je nach Region bis auf 10 Prozent klettern kann.

KUNSTHANDWERK

Auf vielen *arts and crafts fairs* werden innovativer Modeschmuck, bunte Keramik, Holzarbeiten und anderes Kunsthandwerk angeboten. Solche Märkte, auf denen man oft direkt von den Künstlern kaufen kann, sind an den Wochenenden vor allem im *Gold Country* und in den Küstenstädten zu finden. Dazu gibt es in diesen Orten auch zahlreiche Galerien, die auf Kunsthandwerk spezialisiert sind. Indianisches Kunsthandwerk wie Türkisschmuck oder Töpferwaren stammt jedoch meist aus Arizona oder New Mexico. Die kalifornischen Indianer fertigen kleine Körbe aus *sweetgrass* oder auch perlenbestickte Mokasins.

OUTLET MALLS

Beliebt zum Discount-Shopping sind die zahlreichen *outlet malls* mit Direktverkauf von namhaften Ketten wie Levi's,

Shopping – ein typisch amerikanisches Vergnügen in Einkaufszentren, auf Märkten und in Outlet Malls

Timberland, Calvin Klein oder Tommy Hilfiger. Meist liegen die Outlets abseits der Städte an den Interstate-Autobahnen etwa bei Cabazon an der I-10, bei Barstow an der I-15 oder bei Vacaville an der I-80 zwischen San Francisco und Sacramento. Nicht zuletzt dank des günstigen Dollarkurses findet man in den Outlets oft sehr gute Schnäppchen, und manchmal bieten die Läden noch zusätzlich Coupons mit Preisabschlag. Erkundigen Sie sich am Kiosk oder im Büro der *guest services* des jeweiligen Centers.

TYPISCHE SOUVENIRS

Schön als Mitbringsel sind kalifornische Produkte: der Wein von einem versteckten kleinen Weingut, Samen von Redwoodbäumen, Salsagewürz oder Honig von Wüstenblumen. Auch Ableger von Kakteen sprießen zu Hause munter weiter. In der Wildnis stehen die stacheligen Souvenirs unter striktem Schutz, doch viele Gärtnereien haben preiswerte Sprösslinge, fertig verpackt für den Export.

Was lohnt sich sonst? Außer den Klamotten von Trendmarken wie Hollister, Abercrombie & Fitch oder American Eagle sind es gebrauchte und neue Lederjacken (Bomberjackets, auch in *army* und *navy stores*), Jeans und Outdoorklamotten, Fundsachen aus den 1950er-Jahren, die Sie manchmal auf den großen Flohmärkten *(swap meets)* entdecken können.

Beliebt sind dazu alle Produkte, die der Cowboykultur verhaftet sind – auch wenn diese eher für die Rockies typisch ist. Stetsonhüte, mit Silber genietete Gürtel und gute Cowboystiefel sind in vielen *western stores* in breiter Auswahl zu finden.

Deutlich günstiger als in Europa sind auch Sportartikel wie etwa Golfausrüstungen sowie alle Arten von Vitamintabletten und Powerdrinks.

Vorsicht, große Neuanschaffungen erkennen auch Zollbeamte bei der Rückkehr auf Anhieb. Besser ist es, Einkäufe im Wert über 430 Euro anzumelden.

DIE PERFEKTE ROUTE

STARTPUNKT: SAN FRANCISCO

Nehmen Sie sich zunächst zwei Tage für die City an der Bay, für **1** *San Francisco* → S. 32: zum Cable-Car-Fahren, zum Bummeln in Chinatown und an Fisherman's Wharf, für Alcatraz und eine Hafentour. Dann geht's los: Auf der Autobahn 101 süd-wärts ins *Silicon Valley* → S. 43 und von San Jose auf dem Hwy. 17 zur Surfer- und Studentenstadt Santa Cruz. Ein Abstecher führt Sie in den Henry Cowell State Park, wo Sie auf einem halbstündigen Weg unter turmhohen Redwood-bäumen wandeln können. Dann weiter nach Süden auf dem Hwy. 1 ent-lang der weiten, von Dünen gesäumten Monterey Bay.

PANORAMAROUTE HIGHWAY 1

Die alte Hafenstadt **2** *Monterey* → S. 62, berühmt für ihr groß-artiges Aquarium, ist Ihr nächster Stopp. Nicht verpassen: eine Fahrt an der Küste nach Pacific Grove und ein Strandspaziergang im alten Künstlerort *Carmel* → S. 62. Danach folgt der schönste Abschnitt des legendären Hwy. 1. Auf hohen Klippen und durch duftende Täler kurven Sie auf der schmalen Panoramaroute bis **3** *San Luis Obispo* → S. 66 mit seinem feinen Weingebiet Edna Valley. Halten Sie die Augen auf: Bei Cambria lie-gen oft See-Elefanten am Strand.

MEGACITY LOS ANGELES

Legen Sie noch einen Tag zum Sonnen oder Surfen in **4** *Santa Barbara* → S. 68 (Foto li.) ein – sehr schön ist auch die alte spanische Mission –, dann geht's in den schier endlosen Siedlungsteppich von **5** *Los Angeles* → S. 74. Zwei Tage sollten Sie sich hier mindes-tens gönnen: einen für die Suche nach den VIPs von *Santa Monica* → S. 79, *Beverly Hills* → S. 76 und *Hollywood* → S. 78, einen für die Phantasiewelten von *Universal* → S. 80 oder *Disneyland* → S. 88.

IN DIE WÜSTE

Zehnspurig quer durch L. A.: Auf den Autobahnen I-10 und I-15 führt Sie die Route vorüber an Downtown L. A. ostwärts ins Binnenland – und in die Wüste. **6** *Barstow* mit einigen *outlet malls* bläst noch zum Angriff auf Ihre Kreditkarte, dann wird es öde – und immer heißer. Von Baker – hier bietet sich ein ein- oder zweitägiger Schlenker in die Glitzer-stadt *Las Vegas* → S. 104 (Foto re.) an – geht es über die Hwys. 127 und 178 gen Norden in die steinige Einsamkeit des **7** *Death Valley* → S. 90.

Erleben Sie die vielfältigen Facetten Kaliforniens auf einer Fahrt entlang der Küste, aber auch durch Wüsten, Gebirge und Weingärten

DIE SIERRA NEVADA

Jenseits des gewaltigen Grabenbruchs des Tals des Todes klettert der Hwy. 190 hinüber ins Owens Valley. Hier verläuft vor dem steil aufragenden Felswall der Sierra Nevada die US 395 nach Norden. Am **8** *Mono Lake* → S. 73 erwarten Sie bizarre Tuffsäulen und gleich nebenan die Geisterstadt *Bodie* → S. 73, die seit 1942 verlassen ist. Über den Grat der Berge führt der Hwy. 120 dann ins berühmteste Schutzgebiet Kaliforniens, den **9** *Yosemite National Park* → S. 71. Haben Sie Wanderschuhe dabei, können Sie dessen spektakuläre Natur auf zahlreichen Wanderwegen entdecken. Achtung: Vom ersten Schneesturm im Oktober bis ca. Ende Mai muss der Pass über den Lake Tahoe umfahren werden.

INS REICH DER GOLDGRÄBER

Westlich des Yosemite folgt Ihre Route dem Hwy. 49 durch das *Gold Country* → S. 58 nach Norden: Gut erhaltene Wildweststädte wie Jamestown bieten hier beste Fotomotive und pittoreske Reminiszenzen an die Pioniertage. Von Placerville führt Sie der Hwy. 50 dann noch einmal hinauf in die Sierra Nevada: zum **10** *Lake Tahoe* → S. 64, dem größten Bergsee Nordamerikas.

ZUM SCHLUSS EIN GLAS WEIN IM NAPA VALLEY

Das dicht bewaldete Westufer des Lake Tahoe entlang und westwärts auf der I-80 kommen Sie bald in die Hauptstadt Kaliforniens, **11** *Sacramento* → S. 65 mit ihrer kleinen Altstadt am Fluss. Es folgt ein letzter, buchstäblich genussvoller Abstecher: Über die I-80 und den Hwy. 12 gelangen Sie ins **12** *Napa Valley* → S. 52, wo am Hwy. 29 die Edelweingüter zu einer Weinprobe laden. Dann geht es wieder zurück nach **1** *San Francisco* – natürlich stilvoll über die Golden Gate Bridge.

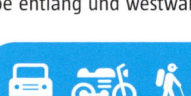

Ca. 2 500 km. Reine Fahrzeit 32 Stunden, empfohlene Dauer 16–18 Tage. Detaillierter Routenverlauf auf dem hinteren Umschlag, im Reiseatlas sowie in der Faltkarte

SAN FRANCISCO

CITY WOHIN ZUERST?

Der **Union Square (U F2)** (📍 *f2*) ist das Herz der Stadt. Hier können Sie shoppen, ein Cable Car besteigen oder weiter durch Chinatown zum Coit Tower und zur Fisherman's Wharf gehen. Auch das Museum of Modern Art und die Market Street, an der Busse, Metro, Cable Cars und die F-Linie fahren, sind nahe bei. Parkhaus: Mission Street zwischen 4th und 5th Street

KARTE IM HINTEREN UMSCHLAG
(134 A1) (📍 *B7*) Fragt man einen Amerikaner, in welche Stadt er am liebsten fahren möchte, lautet die Antwort: nach San Francisco. Die Popularität hat ihre Gründe, denn tatsächlich vereint keine andere Metropole der USA auf so wenig Raum so viel Charme.

Das Leben in dieser Stadt – die Einheimischen nennen sie liebevoll *the Lady by the Bay* – pulsiert: Es herrscht Betriebsamkeit, aber keine Hektik, Kultiviertheit, aber keine Borniertheit.

Gebaut auf 40 kleine und sieben große Hügel an der Nordspitze einer schmalen Halbinsel, die sich schützend vor die große Bay schiebt, leben heute rund 825 000 Menschen in der Stadt, deren Dynamik die gesamte Bayregion mit ihren fast 7 Mio. Einwohnern bestimmt. Zwei Brücken (*Golden Gate Bridge* und die erst 2013 umgebaute *San Francisco-Oakland Bay Bridge*), eine U-Bahn und

Schönste Stadt Amerikas: die Perle am Pazifik und Stadt der Sehnsucht – nicht nur für Amerikaner

zahllose Fähren verbinden die Menschen beidseits der Bucht.

San Francisco ist gut zu Fuß zu erkunden. Beginnen Sie an der *Waterfront*. Hier gilt es, touristische Zentren wie die berühmte *Fisherman's Wharf* ebenso zu erforschen wie den mediterran wirkenden *Marina District* und die *Golden Gate Promenade,* die zum *Presidio* führt, der alten Kasernensiedlung unter Eukalyptusbäumen. Ganz wichtig sind auch das Stadtzentrum und ihre angrenzenden Viertel: *North Beach,* das italienische Viertel mit seinen Cafés, Restaurants und Gelaterias. Dann *Nob Hill,* das noble Viertel auf den Hügeln, sowie *Russian Hill* und *Pacific Heights,* wo jede Straße herrliche Blicke auf die Bay bietet. *Chinatown,* das größte Chinesenviertel Nordamerikas, liegt südlich von North Beach. In *Union Square,* dem Herzen von Downtown, bimmeln die *Cable Cars* und locken Hotels, Theater und Kaufhäuser. Und schließlich das Schwulenviertel *Castro District,* nebenan der mexikanische *Mission District* und *South of Market*, lange verwahrlost, heu-

Geniales Energiesparkonzept des 19. Jhs.: die Cable Cars

te kultureller Hotspot mit Galerien, Museen und aufregendem Nachtleben.

Mit Bus, Straßenbahn und Cable Car ist die City gut zu erschließen und spart teure Parkgebühren. Besonders schön: **INSIDER TIPP** die historischen Straßenbahnwagen der *F-Line* *(tgl. 6–0.30 Uhr | 6 $, Tagespass 14 $ | Tickets sind an Automaten an den Haltestellen oder in der Bahn zu lösen)*, mit denen man vor der Market Street entlang der Bay bis zur Fisherman's Wharf fahren kann. Zusammen mit der Rück- (oder Hin-)Fahrt mit einem der Cable Cars wird daraus eine richtige Stadtrundfahrt.

Ausführlich informiert Sie auch der MARCO POLO „San Francisco".

SEHENSWERTES

ALCATRAZ ISLAND ☁ (134 A1) (⌘ B7)
Die Fahrt mit dem Boot und die Besichtigung der ehemaligen Gefängnisinsel

(1934–63), auf der so berühmte Verbrecher wie Al Capone inhaftiert waren, dauert ca. 2½ Stunden. *The Rock,* wie Alcatraz genannt wird, galt immer als sicherstes Gefängnis der Welt. Dennoch gelang neun Insassen die Flucht – Anlass für mehrere Hollywoodfilme. *Ablegestelle: Pier 33 am Ostende von Fisherman's Wharf* (U F1) *(⌘ f1) | Abfahrten tgl. ab 8.45 Uhr, auch Nachttouren | Ticket 30 $ | Tel. 1415 9 8176 25 | www.alcatrazcruises. com | Achtung: möglichst lange vorab reservieren!*

INSIDER TIPP ASIAN ART MUSEUM
(U E2–3) (⌘ e2–3)
Mehr als 10 000 Objekte aus China, Japan, Indien, Nepal, Tibet und Südostasien, viele davon gestiftet von dem ehemaligen IOC-Präsidenten Avery Brundage. Eines der besten asiatischen Museen der westlichen Welt. Guter Shop. *Di–So 10–17, Do bis 21 Uhr | Eintritt 12 $ | 200 Larkin Street | www.asianart.org*

CABLE CARS ★ ☁
(U E–F 1–2) (⌘ e–f 1–2)
Die kabelgezogene, über 100 Jahre alte Straßenbahn gehört zu den Wahrzeichen der Stadt. Die *Powell-Mason-Linie (Nr. 59)* beginnt am *Visitor Center* an der Ecke Market und Powell Street, windet sich in das Nobelviertel Nob Hill hinauf, um dann auf der Mason Street bis nahe Fisherman's Wharf wieder hinabzufahren. *Powell-Hyde-Linie (Nr. 60):* Market/Powell Street bis zur Northern Waterfront. *California-Linie (Nr. 61):* California Street von Market Street bis Van Ness Avenue.

Beeindruckend sind im frei zugänglichen Betriebswerk, dem ● *Cable Car Museum (tgl. 10–18, im Winter 10–17 Uhr | 1201 Mason Street/Washington Street) (s. S. 111),* die gewaltigen Antriebsräder, mit denen die Kabel bewegt werden.

CALIFORNIA ACADEMY OF SCIENCES
● 🌿 (U C3) (📖 c3)

Stararchitekt Renzo Piano hat den Neubau des riesigen Naturkundemuseums mit modernsten „grünen" Technologien gestaltet – komplett mit Regenwald und organischen Formen. Schmuckstück des Komplexes ist das *Steinhart Aquarium. Mo–Sa 9.30–17, So 11–17 Uhr | Eintritt 30 $ | Golden Gate Park | www.calacademy.org*

CHINATOWN ⭐ (U E–F2) (📖 e–f2)

Die ersten Abenteurer aus China kamen, vom Goldrausch angelockt, um 1850. Wenige Jahre später wurden viele von ihnen als Kulis für den Eisenbahnbau eingesetzt. Zuletzt haben Flüchtlinge die Zahl der Chinesen im Westen der USA weiter anwachsen lassen. Vom Union Square aus betritt man Chinatown an der Bush Street und Grant Avenue durch ein drachengeschmücktes Tor. Die *Grant Avenue,* heute voller Import- und Souvenirgeschäfte, war früher die Straße der Opium- und Spielhöllen sowie der Bordelle.

Die *Stockton Street* gilt als zweite Hauptstraße von Chinatown. Mehr als 100 Restaurants drängen sich allein zwischen Stockton und Bush Street sowie Kearny und Broadway. Tipp: *Hunan (924 Sansome Street | Tel. 1415 9 56 77 27 | €€)* und *Dol Ho (808 Pacific Street | Tel. 1415 3 92 28 28 | €–€€).* Einen Besuch wert sind auch die pagodenförmige *Old Chinese Telephone Exchange (743 Washington Street)* und *Buddha's Universal Church (720 Washington Street).*

CIVIC CENTER (U E3) (📖 e3)

Das kulturelle und politische Zentrum San Franciscos liegt zwischen nicht besonders gepflegten Stadtvierteln, Tenderloin und Western Addition: *City Hall,* ein Granit- und Marmorgebäude mit Kuppeldach, dahinter das *Veteran's Building,* wo 1945 die Charta der Vereinten Nationen unterzeichnet wurde, nebenan das *War Memorial Opera House* mit einem der besten Opernensembles der Welt, der San Francisco Opera, und der modernere Bau der *Symphony Hall.*

⭐ **Cable Cars**
Ein ratterndes Erlebnis in historischen Straßenbahnen: Mit dem Cable Car der Linie 60 die Hyde Street hinunter bis zur Fisherman's Wharf → S. 34

⭐ **Chinatown**
Die erste chinesische Siedlung außerhalb Asiens und immer noch eine der größten an der Pazifikküste → S. 35

⭐ **Coit Tower**
Die Spitze eines Feuerwehrschlauchs als Wahrzeichen der Stadt – mit einem phantastischen Rundblick → S. 36

⭐ **Golden Gate Bridge**
Das ewige und weltbekannte Wahrzeichen von San Francisco – ein Meisterwerk der Technik → S. 37

⭐ **Golden Gate Park**
Die grüne Lunge der Stadt – kaum bei nur einem Ausflug zu schaffen → S. 37

⭐ **Fähre nach Sausalito**
Fahrt mit Wasser, Wind und Blick auf Skyline und Golden Gate → S. 39

⭐ **SoMa (South of Market)**
Nicht nur nachts tobt hier das Leben → S. 41

MARCO POLO HIGHLIGHTS

COIT TOWER ⭐ 🔆 (U F1) (⚏ f1)

Den zylindrischen, 63 m hohen Aussichtsturm auf der Spitze des 74 m hohen Telegraph Hill ließ Lilie Hitchcock Coit 1933 zu Ehren der Feuerwehrmänner von San Francisco errichten. Vom Coit Tower haben Sie einen vorzüglichen Blick über die Stadt und auf die Bucht. *Tgl. 10–17.30, im Winter 9–16.30 Uhr | Aufzug 7 $ | Telegraph Hill*

CONTEMPORARY JEWISH MUSEUM
(U F2) (⚏ f2)

Daniel Libeskind setzte für das 2008 eröffnete Museum einen seiner typischen Kristalle in die Stadtlandschaft. Sehr beruhigend wirkt der Innenraum mit seinen schrägen Wänden. *Tgl. 11–17, Do 13–20 Uhr | Eintritt 12 $ | 736 Mission Street*

CRISSY FIELD 🔆 (U C1) (⚏ c1)

Das letzte Stück echte Dünenlandschaft an der Nordküste der City – schön für eine Radtour oder einen Strandspaziergang an der Bay mit freiem Blick auf die Pelikane, die vor der Golden Gate Bridge im Wind gleiten. *Entlang der Mason Street | www.parksconservancy.org*

DE YOUNG MUSEUM (U C3) (⚏ c3)

Das wichtigste Kunstmuseum der Stadt residiert seit 2005 in einem spektakulären, 200 Mio. Dollar teuren Neubau von Herzog & de Meuron. Schwerpunkt der Ausstellungen ist amerikanische Kunst. Nicht verpassen: 🔆 **INSIDER TIPP** **den Turm mit Aussichtsplattform über die City**, Skulpturengarten und Café. *Di–So 9.30–17.15, Fr bis 20.45 Uhr | Eintritt 10 $ | Golden Gate Park | deyoung.famsf.org*

EXPLORATORIUM (U F1) (⚏ f1)

Seit 2013 hat das berühmte Wissenschaftsmuseum einen großen Neubau an der Bay – und der Besuch lohnt sich für Kinder wie für Erwachsene. Experimentierlust und Neugier werden hier auf spielerische Art an vielen interaktiven Ausstellungsstücken gefördert. *Di–So 10–17, Do bis 22 Uhr | Eintritt 25 $ | Embarcadero | Pier 15 | www.exploratorium.edu*

FERRY BUILDING (U F2) (⚏ f2)

Das im spanischen Stil reich verzierte alte Fährgebäude neben der *Oakland Bay Bridge* wurde jüngst restauriert. Zahlreiche Spezialitätengeschäfte und Restaurants laden nun ein zu einer kulinarischen Weltreise. Beliebte Attraktion ist samstags auf der Plaza am Ufer der Bucht der *Farmer's Market*. *Market Street | Embarcadero*

FINANCIAL DISTRICT 🔆 (U F2) (⚏ f2)

Zwischen Kearny, Washington und Market Street stehen Wolkenkratzer wie die spitz zulaufende 225 m hohe *Transamerica Pyramid (600 Montgomery Street)* sowie das *Bank of America Building (555 California Street)* mit Restaurant und Bar im obersten Stock.

FISHERMAN'S WHARF 🔆
(U E1) (⚏ e1)

Der alte Landeplatz der Bayfischer ist zu einer betriebsamen Touristenattraktion mit Straßenkünstlern und T-Shirt-Shops geworden. Von hier aus starten die Boote zu den Rundfahrten in der Bay und zur Golden Gate Bridge. Achtung: Viele Restaurants hier sind überteuert. An dem von Geschäften und Aussichtspunkten gesäumten *Pier 39* bietet eine Seelöwenkolonie, die hier mehrere Pontons in Beschlag genommen hat, ein inzwischen berühmtes Fotomotiv.

Unbedingt einen Besuch verdient das **INSIDER TIPP** *Musée Mécanique* etwas weiter westlich am Ende der Taylor Street/Pier 45 mit einer wunderbar nostalgischen Ausstellung von alten Musik- und Spielautomaten.

GOLDEN GATE BRIDGE ★ ☼
(U C1) (🗺 c1)

Die am häufigsten fotografierte Hänge-
brücke der Welt verbindet seit 1937 die
Nordspitze von San Francisco mit Marin County. Zwei 230 m über den Wasserspiegel hinausragende Pfeiler tragen
eine sechsspurige Fahrbahn, die auf einer Spannweite von 1280 m im Schnitt
67 m über dem Wasser schwebt. ● Per
Mietfahrrad können Sie über die Brücke
radeln. Alternativ lohnt ein Fußmarsch –
hin und zurück dauert er etwa zwei Stunden *(von der Endstation des Muni-Busses
Nr. 28 aus)*. Auch unter der Brücke zu stehen und hinaufzuschauen *(guter Ausblick
von Fort Point National Historic Site,* 1850
zum Schutz der Golden Gate Passage entstanden*)* ist atemberaubend.

GOLDEN GATE PARK ★
(U A–C3) (🗺 a–c3)

Das 4 km² große frühere Dünengelän-
de zwischen Pazifik und City wurde Ende
des 19. Jhs. von William H. Hall und dem
Schotten John McLaren zur grünen Park-
landschaft umgestaltet. McLaren war 53
Jahre lang der Verwalter des Parks und
ließ großflächig Wiesen, Seen, Wäldchen
und Haine mit exotischen Bäumen anlegen. Heute ist der Park mit seinen unzähligen Wegen ein ideales Revier für Jog-
ger und Radfahrer. Weltweit berühmt
als Wahrzeichen der Stadt ist der *Japa-
nese Tea Garden* im Ostteil des Parks.
Hier liegen auch mehrere Museen und
das prächtig renovierte *Conservatory of
Flowers,* ein filigranes weißes Gewächs-
haus im Stil der Kew Gardens in London.

INSIDER TIPP HAYES VALLEY
(U E3) (🗺 e3)

Das neueste Trendviertel der City liegt
direkt hinter dem Rathaus entlang der
Hayes Street. Per Bürgerversammlung
wurden Kettenläden verboten (sogar

Die vielleicht berühmteste Brücke der
Welt: die Golden Gate Bridge

Starbucks), und so drängen sich hier
jetzt witzige Schuh- und Klamottenlä-
den, schräge Galerien und individuelle Bars und Restaurants wie das Früh-
stücksdiner *Stack's (501 Hayes Street).*

Nicht nur von außen spektakulär: Das Museum of Modern Art zeigt Kunst des 20. Jhs.

Dass San Francisco die Stadt des Jazz an der Westküste ist, wird hier ebenfalls deutlich: 2013 eröffnete hinter der Sinfoniehalle San Franciscos neues *Jazz Center (205 Franklin Street | www.sfjazz.com)* mit mehreren Konzerträumen, in denen fast täglich Aufführungen stattfinden.

LOMBARD STREET (U E1) (m e1)
Mehr Fotos als hier werden in ganz Kalifornien nicht gemacht: die krummste Straße Amerikas, mit Blumen bepflanzt und umrahmt von viktorianischen Villen. *Nur einige Schritte von Fisherman's Wharf zwischen Leavenworth und Hyde Street*

SAN FRANCISCO MARITIME NATIONAL HISTORIC PARK (U E1) (m e1)
Seefahrtsgeschichte am Beispiel alter Schoner und Dampfer kann man am Hyde Street Pier *(Hyde Street | westlich westlich von Fisherman's Wharf)* bewundern. Im Museumsgebäude: Exponate

aus der Geschichte der Meeresschifffahrt und des Fischfangs. *Tgl. 9–16 Uhr | Eintritt 5 $ | 900 Beach Street/Polk Street*

SAN FRANCISCO MUSEUM OF MODERN ART (SFMOMA)
(U F2) (m f2)
Zeitgenössische Malerei und Installationen, Videokunst, Performances: Der Museumsbau des Schweizers Mario Botta setzt einen kulturellen Akzent im Herzen der City. Da bis 2016 für den Ausbau geschlossen, gibt es derzeit wechselnde Ausstellungen vielerorts in der City. Infos unter *www.sfmoma.org. 151 3rd Street*

INSIDER TIPP YERBA BUENA GARDENS ☼ (U F2) (m f2)
Der kleine Park überrascht mit einer friedlichen grünen Wiese im Herzen der City und verspricht gute Ausblicke auf die Skyline. Teil des Komplexes sind ein Theater, zahlreiche Skulpturen, der *Was-*

serfall Martin Luther King, Jr. Memorial sowie das *Children's Creativity Museum* (s. S. 111).

STADTRUNDFAHRTEN & STADTTOUREN

49-MILE SCENIC DRIVE

Ausgeschilderte Route für Reisende, die mit dem eigenen Auto unterwegs sind. Karten dazu im *Visitor Information Center.*

BAY CITY BIKE

Eine wunderbare Halbtagestour auch mit Kindern: Geführt geht's per Bike über die Golden Gate Bridge, zurück per Fähre von Sausalito. Auch Radvermietung. *2661 Taylor Street | Fisherman's Wharf | Tel. 1415 3 46 24 53 | www.baycitybike. com*

BAY-FÄHRFAHRTEN (U F1) (𝄞 f1)

Die klassische, gut einstündige *Golden Gate Bay Cruise* bieten die Schiffe der *Red and White Fleet (28 $ | Embarcadero | Tel. 1415 6 73 29 00)*von Pier 43½ an sowie der *Blue & Gold Fleet (Abfahrt am Pier 39 | Tel. 1415 7 05 82 00).* Die ⚓ ⭐ *Fähre nach Sausalito (alle 1 ½ Std. vom Ferry Building, Fahrtzeit: ½ Std. | Golden Gate Ferry | Market Street/Embarcadero | Tel. 1415 4 55 20 00)* fährt vorbei am Golden Gate zum Künstlerstädtchen auf der anderen Seite der Bucht.

ELECTRIC TOUR COMPANY

Dreistündige Segway-Touren an der Fisherman's Wharf – für Fortgeschrittene auch auf den steilen Hügeln der City. *757 Beach Street | Tel. 1415 4 74 31 30 | www.electrictourcompany.com*

GRAY LINE TOURS

Stadtrundfahrten per Bus (deutschsprachiges Tonband, 45 $) sowie Ausflüge nach Napa und Monterey. *Abfahrt Pier 41*

Fisherman's Wharf | Tel. 1 888 4 28 69 37 | www.sanfranciscosightseeing.com

INSIDER TIPP ▶ HAIGHT-ASHBURY FLOWER POWER WALKING TOUR

Diese Tour führt durch das einstige Hippieviertel Haight-Ashbury und besichtigt unter anderem die Häuser von Janis Joplin und den Grateful Dead. *Di und Sa 10.30, Do 14, Fr 11 Uhr | 20 $ für zweistündige Tour | Start: Stanyan/Waller Street | Tel. 1415 8 63 16 21 | www. haightashburytour.com.*

LOW BUDGΣT

▶ Mit *Muni Passports* können Sie sich mit Straßenbahn und Bus in der ganzen Stadt frei bewegen: 1 Tag kostet 14 $, 3 Tage 22 $, 7 Tage 28 $. Die Passports gelten mit 1 $ Zuzahlung auch für die Cable Cars (regulärer Fahrpreis 6 $). *www.sfmta.com*

▶ Wer viel besichtigen möchte, sollte sich für 84 $ Dollar den *CityPass San Francisco* kaufen, enthalten sind u. a. eine Hafenrundfahrt und Eintritte zum *De Young Museum,* dem *Exploratorium* und der *California Academy of Sciences* sowie der *Muni Passport* für eine Woche. Oder die *GO San Francisco Card:* Für 55–165 $ können Sie 30 Attraktionen erleben *(www. smartdestinations.com).*

▶ Sie würden gern Details über den Castro District wissen, über den Goldrausch, das Erdbeben 1906? Kein Problem. Die ehrenamtlichen Führer von *City Guides* bieten täglich kostenlose *walking tours* durch die Stadt an. Programm: *www.sfcityguides.org.*

WOKWIZ TOURS

Kundige Führungen durch Chinatown inklusive Lunch in einem der Lokale. *Tgl. 10 Uhr | Preis 50 $ | Tel. 1650 3 55 96 57 | www.wokwiz.com*

ESSEN & TRINKEN

INSIDER TIPP ▶ ARIZMENDI BAKERY ☺
(U C3) *(ſ c3)*

San Franciscos Antwort auf die Fast-Food-Manie Amerikas: eine Bäckerei im Sunset-Bezirk am Südrand des Golden Gate Park, die den Angestellten gehört und wunderbare Brote, frische Pizzen und Focaccias verkauft. *1331 9th Av. | www.arizmendibakery.org | €*

B RESTAURANT ☘ (U F2) *(ſ f2)*

Von der Terrasse oder hinter den riesigen Glasfronten öffnet sich der Blick auf die Skyline der City. Kalifornische Küche. *Yerba Buena Center | 720 Howard Street | Tel. 1415 4 95 98 00 | €€*

CHACHACHA (U D3) *(ſ d3)*

In-Spot im alten Hippieviertel mit karibisch-kubanischer Küche. *1801 Haight Street | Tel. 1415 3 86 76 70 | €*

E & O ASIAN KITCHEN (U F2) *(ſ f2)*

Ein nachgebautes ostasiatisches Handelskontor, in dem es Thaicurrys, Satés und gute Biere gibt. *314 Sutter Street/Grant Street | Tel. 1415 6 93 03 03 | €€*

FARALLON (U E2) *(ſ e2)*

Bester Fisch, oft phantasievoll angerichtet. Außergewöhnlich: die Barstühle in Tintenfischform. *450 Post Street/Mason Street | Tel. 1415 9 56 69 69 | www.farallonrestaurant.com | €€€*

FARMER BROWN ☺ (U E2) *(ſ e2)*

Wer sagt, dass Biokost nicht deftig sein kann? Hier gibt es *organic soul food*

nach Rezepten aus den amerikanischen Südstaaten. *25 Mason Street | Tel. 1415 4 09 32 76 | €€–€€€*

INSIDER TIPP ▶ PUERTO ALEGRE
(U E4) *(ſ e4)*

Authentische mexikanische Küche und gute Margaritas mitten im angesagten Mission District. *546 Valencia Street | Tel. 1415 2 55 82 01 | €–€€*

SAM'S GRILL (U F2) *(ſ f2)*

Ein Klassiker: Fisch, frische Muscheln und Krabben in einer beliebten Restaurantgasse. Guter Lunch. *374 Bush Street | Tel. 1415 4 21 05 94 | €€–€€€*

THIRSTY BEAR ☺ (U E3) *(ſ e3)*

Trendige Braukneipe mit Ökobier und superleckeren Tapas. *661 Howard Street | Tel. 1415 9 74 09 05 | €€–€€€*

YANK SING (U F2) *(ſ f2)*

Eine großartige Dim-Sum-Auswahl am Rand des Financial District. *49 Stevenson Street | Tel. 1415 5 41 49 49 | €*

EINKAUFEN

San Franciscos Shoppingszene glänzt weniger durch riesige Malls als durch Tausende kleiner, hochwertiger Geschäfte mit oft einzigartiger Auswahl. Kaufhäuser und Boutiquen konzentrieren sich in folgenden Vierteln: Die Gegend um den *Union Square* ist das Shoppingzentrum von Downtown mit berühmten großen Kaufhäusern wie Macy's und Neiman Marcus und Luxusläden wie Hermes und Gucci. Das *San Francisco Shopping Center (865 Market Street/Powell Street)* mit dem Kaufhaus Nordstrom und 35 Geschäften sowie die *Crocker Galleria (50 Post Street/Kearny Street)* mit 50 Shops und Restaurants liegen mitten im Gewühl.

Andere Hotspots zum Einkaufen: *Union Street* zwischen Fillmore Street und Van Ness Street (Schuhe, Mode), *Fillmore Street* zwischen Jackson Street und Sutter Street (Boutiquen und Galerien), *Hayes Street* westlich der City Hall (Avantgarde-Boutiquen), *Haight Street* zwischen *Stanyan Street* und *Central Av.* (schrille Citywear, Antiquitäten).

Alles Frische erhalten Sie samstags auf dem ☺ `INSIDER TIPP` *Farmer's Market* beim Ferry Building. Angeboten werden ausschließlich Produkte aus biologischem Anbau – dazu gibt's an den zahlreichen Imbissbuden Biofleisch-Tacos, vegane Pizzen und Biogebäck.

AMOEBA MUSIC (U D3) (🛈 d3)
Neue CDs und alte Vinylscheiben sind nirgends so günstig wie in diesem riesigen Musikladen im früheren Hippieviertel. *1855 Haight Street | www.amoeba.com*

GOLDEN GATE FORTUNE COOKIE COMPANY (U F2) (🛈 f2)
Kleines, etwas verstecktes Geschäft, in dem chinesische Glückskekse hergestellt werden – man kann zusehen und auch direkt kaufen. *56 Ross Alley/Jackson Street*

R & J GIFTS (U E1) (🛈 e1)
Hier gibt's Schilder, Logo-Kappen, Magnete – schlichtweg alle Amerika-Souvenirs, die Sie je wollten. *2633 Taylor Street*

AM ABEND

Die besten Adressen für heißes Nachtleben sind das frühere Fabrikgelände ⭐ *SoMa (South of Market)* und die Schwulenbars im Viertel *Castro* und an der *Folsom Street* (U E3–F2) (🛈 e3–f2). Die Bars und Clubs des *Financial District* (U F2) (🛈 f2) und der *Union Street* (U D2) (🛈 d2) sind Reviere der urba-

nen Elite. In den berühmten Kaffeebars an der *Columbus Street* (U E1–F2) (🛈 e1–f2) in North Beach kehrten schon Jack Kerouac – im *Vesuvio Café (Nr. 255)* – und Francis Ford Coppola ein.

Aktuelle Veranstaltungskalender finden Sie zudem im *San Francisco Weekly,* im *San Francisco Guardian* und in der Sonntagsausgabe des *San Francisco Examiner,* aber auch im Internet unter: *www.sfweekly.com, www.sfbg.com, www.sfgate.com*.

Schrill ist hier die Mode, angesagt das Viertel: Haight-Ashbury

CAFÉ DU NORD (U D3) (🛈 d3)
Livejazz, Salsa, Loungemusic, dazu gibt's Tapas. *2170 Market Street/Sanchez Street | Tel. 1415 8 61 50 16 | www.cafedunord.com*

THE FILLMORE (U D2) (🗺 d2)

Legendäre Konzertbühne, auf der schon die besten Bands der USA aufgetreten sind. *1805 Geary Blvd. | Tel. 1415 3 46 60 00 | www.livenation.com*

EL TECHO DE LOLINDA (U E4) (🗺 e4)

Auf der Dachterrasse trifft sich die Szene zu leckeren Margaritas. Dazu gibt's Tapas wie Ceviche mit Mango – oder dicke Steaks im Erdgeschoss. *2518 Mission Street | Tel. 1415 5 50 69 70 | eltechosf. com*

RUBY SKYE (U E2) (🗺 e2)

Schicker Nightclub auf zwei Ebenen, DJs spielen guten House- und Technosound. *420 Mason Street | Tel. 1415 6 93 07 77 | www.rubyskye.com*

TEN 15 (U E3) (🗺 e3)

Riesendisko auf drei Etagen, mit hipper Lasershow bis zum Morgen, oft Livemusik. *1015 Folsom Street | Tel. 1415 4 31 12 00 | www.1015.com*

ÜBERNACHTEN

INSIDER TIPP THE GOOD HOTEL 🌣
(U E3) (🗺 e3)

Ein in SoMa gelegenes modernes und durch und durch grünes Hotel: mit Brauchwasserspülung der Toiletten, Fahrrädern für die Gäste, Engagement für soziale Projekte und viel mehr. *117 Zi. | 112 7th Street | Tel. 1415 6 21 70 01 | www. thegoodhotel.com | €–€€*

GREEN TORTOISE HOSTEL
(U F2) (🗺 f2)

Vorwiegend junge Leute aus aller Welt treffen sich in diesem Hostel in North Beach. Für 30–37 $ gibt es ein Bett im Schlafsaal, für 60–85 $ ein eigenes DZ. *40 | Zi. | 494 Broadway | Tel. 1415 8 34 10 00 | www.greentortoise.com | €*

HARBOR COURT HOTEL (U F2) (🗺 f2)

Modern gestyltes kleines Hotel nur wenige Schritte vom Ferry Building. Einige der 🌿 Zimmer haben Blick auf die Bay. Sehr guter Japaner im Haus: *Ozumo. 131 Zi. | 165 Steuart Street | Tel. 1415 8 82 13 00 | www.harborcourthotel.com | €€–€€€*

HOTEL DEL SOL (U D1) (🗺 d1)

Charmante Bleibe im Marina District; stilvoll und farbenfroh dekoriert. *57 Zi. | 3100 Webster Street | Tel. 1415 9 21 55 20 | www.jdvhotels.com | €€*

MANDARIN ORIENTAL 🌿
(U F2) (🗺 f2)

Gepflegter Luxus in fernöstlichem Ambiente. Mehrfach ausgezeichnetes Hotel mit Blick auf die Skyline. *151 Zi. | 222 Sansome Street | Tel. 1415 2 76 98 88 | www. mandarinoriental.com | €€€*

THE MOSSER HOTEL (U F2) (🗺 f2)

Außen viktorianisch, innen modern. Gute Mittelklasse und in bester Lage zwischen Market Street und SoMa. *166 Zi. | 54 4th Street | Tel. 1415 9 86 44 00 | www. themosser.com | €–€€€*

ORCHARD GARDEN HOTEL 🌣
(U F2) (🗺 f2)

Schadstofffreie Wandfarbe, die Lampen werden mit dem Zimmerschlüssel automatisch geschaltet – alles ist ökologisch durchdacht. Und die Lage beim Union Square ideal. *86 | Zi. | 466 Bush Street | Tel. 1415 3 99 98 07 | www. theorchardgardenhotel.com | €€€*

SAN FRANCISCO CITY CENTER HOSTEL
(U E2) (🗺 e2)

Frisch renoviertes Backpacker-Hostel, allerdings in einem etwas verlotterten Viertel. Mehrbettzimmer für 27 $, auch Privatzimmer. *5 Zi. | 685 Ellis Street | Tel. 1415 4 74 57 21 | www.sfhostels.org | €*

AUSKUNFT

SAN FRANCISCO VISITOR INFORMATION CENTER (U E–F2) (*m e–f2*)

Broschüren, Stadtpläne, Infos und Hotelreservierung. Verkauf auch von *Muni*- und *City-Pass*. 900 Market Street | Tel. 1415 3 9120 00 | sanfrancisco.travel

chen, die San Francisco gegenüber in Marin County liegen *(Fährverbindung ab Ferry Building/Embarcadero)*. Schön sind an beiden Orten vor allen Dingen die Straßen direkt an der Bucht mit den vielen Boutiquen, Galerien und Restaurants. Herrlicher Blick auf die San Francisco Bay von  Restaurants wie *The Trident* und

Leben auf und am Wasser: Die Hausboote in Sausalito sind häufig liebevoll restauriert

ZIELE IN DER UMGEBUNG

MUIR WOODS NATIONAL MONUMENT (132 B–C6) (*m B7*)

Nur 25 km nördlich schützt am Hwy. 101 (Abfahrt: Stinson Beach) dieser Naturpark die letzten, über 80 m hohen *redwoods* der Bay Area. Am Parkeingang verzaubert ein Spaziergang durch *Cathedral* und *Bohemian Grove*. Im *Mount Tamalpais State Park*, gleich neben *Muir Woods* gelegen, unterbrechen Eukalyptushaine die Waldlandschaft. Zwei beliebte Surferstrände liegen zu Füßen von Muir Woods: *Stinson* und *Muir Beach*.

SAUSALITO & TIBURON (134 A1) (*m B7*)

Sausalito (7300 Ew.) und *Tiburon* (8300 Ew.) sind zwei liebenswerte Städt-

Spinnaker oder *Barrel House Tavern*. Pittoresk ist die bunte Ansammlung von 400 Hausbooten an der Richardson Bay nördlich von Sausalito.

SILICON VALLEY (134 A2) (*m B8*)

Viel gibt es nicht zu sehen von den technischen Wundern im Tal der Computer: Industriehallen, Ladenstraßen und weitläufige Wohnviertel prägen das Bild zwischen Palo Alto und San Jose, eine Fahrstunde südlich von San Francisco. Informativ und sehr gut gemacht ist das *Computer History Museum (Mi–So 10– 17 Uhr | Eintritt 15 $ | an der US 101, Exit Shoreline Blvd. | www.computerhistory. org)*, dessen Ausstellungen von alten Cray-Computern bis zur Geschichte der Schach-Rechner reichen.

DER NORDEN

Herbe und einsame Natur mit schroffer Küste und endlos weitem, waldreichem Inland – der 600 km lange Abschnitt zwischen San Francisco und der Grenze zu Oregon unterscheidet sich völlig von dem Sonnenschein- und Surfland in den südlichen Breiten Kaliforniens.

Das Meer ist hier kalt und besitzt gefährliche Strömungen. Doch das Land der Kliffe und nebelverhangenen Strände, der riesigen Redwoodwälder und der versteckten, illegalen Marihuana-Anpflanzungen bietet überraschende Kontraste. Sie reichen von aktiven Vulkanen mit dampfenden Schwefelquellen bis hin zu lieblichen Tälern – darunter das berühmte Napa Valley –, in denen die besten Weine der USA angebaut werden. Man kann bei einem Tagesausflug von San Francisco aus das Weinland erkunden – doch das wäre schade, denn in Napa beginnt der Norden erst.

EUREKA/ NORDKÜSTE

(132 A–B 1–3) (🛣 A3–5) Die an der Küste wachsenden Mammutbäume, redwood oder auch *sequoia sempervirens* genannt, gehören zu den größten Sehenswürdigkeiten der Region. Hauptort ist *Eureka* (26 000 Ew.) an der weiten Humboldt Bay, das in der Altstadt um die Third Street 100 gut erhaltene viktorianische Häuser aus der Zeit der reichen Holzfäller um 1900 besitzt.

Der Norden ist spärlich besiedelt, lieblich und wild – ein bisschen wie der Wilde Westen von einst

Fort Humboldt, am Südende der Stadt, diente einst als Wachposten zum Schutz vor Indianerüberfällen. Nördlich von Eureka liegen einige der herrlichsten und einsamsten Strände Amerikas, darunter *North Jetty* bei Arcata und *Trinidad State Beach* in der Nähe von Trinidad.

SEHENSWERTES

BLUE OX MILL WORKS
Das gut gemachte Museumsdorf lädt zur Zeitreise in die Boomtage der Holzfälle-

rei: mit Bootswerft, Camp und Holzwerkstatt aus der viktorianischen Ära ab 1852. *Mo–Fr 9–17, Sa 9–16 Uhr | Eintritt 7,50 $ | 1 X Street | www.blueoxmill.com*

REDWOODBÄUME
Viele der Giganten mit dem roten Stamm ragen über 100 m hoch in den Himmel. *Richardson Grove State Park* (132 A3) (*A5*) am Hwy. 101 bietet einen reizvollen Auftakt. Eine wahre Parade wartet an den Ufern des Eel River, an der ⭐ *Avenue of the Giants,* im *Humboldt Red-*

Redwood National Park: seit 1980 Weltnaturerbe der Unesco

woods State Park (132 A–B3) (🗺 A5).
Gut 50 km verläuft die 🌿 Panorama-
straße parallel zum Hwy. 101.

ESSEN & TRINKEN

SAMOA COOKHOUSE

Letztes der alten *cookhouses,* in denen
die großen *Lumber Companies* früher
die Holzfäller verköstigten. Kalorienrei-
che Hausmannskost. Mit angeschlosse-
nem Museum. *Hwy. 101 über die Samoa
Bridge | Tel. 1707 4 42 16 59 | www.
samoacookhouse.net | €*

FREIZEIT & SPORT

HUMBOATS KAYAK ADVENTURES

Verleih und geführte Kajaktouren durch
die Humboldt Bay. *Startare Drive | Tel.
1707 4 43 51 57 | www.humboats.com*

ÜBERNACHTEN

INSIDER TIPP ▶ **BISHOP PINE LODGE**

Blumenumranktes altes Motel mit ge-
pflegten Blockhütten. *8 Zi. | 1481 Patrick's
Point Drive | Trinidad | Tel. 1707 6 77 33 14 |
www.bishoppinelodge.com | €€*

CARTER HOUSE INNS

Vermietet werden Zimmer in prächtig renovierten viktorianischen Häusern, sehr
gutes Restaurant. *30 Zi. | 301 L Street |
Eureka | Tel. 1707 4 44 80 62 | www.
carterhouse.com | €€–€€€*

REQUA INN

Der historische Country Inn am Klamath
River ist perfekt als Standort für Wan-
dertouren in die Redwoods; gute Küche.
*13 Zi. | 451 Requa Road | Klamath | Tel. 1707
4 82 14 25 | www.requainn.com | €–€€*

AUSKUNFT

CALIFORNIA'S REDWOOD COAST
1034 2nd Street | Eureka | Tel. 1800 3 46 34 82 | www.redwoods.info, www. nps.gov/redw

ZIELE IN DER UMGEBUNG

FERNDALE ● (132 A3) (*A4*)
Der verschlafene Ort (1300 Ew.) rund eine halbe Stunde südlich von Eureka könnte fast als Architekturmuseum durchgehen, so viele verzierte viktorianische Bauten blieben erhalten. Das kleine *Ferndale Museum (Mo/Di geschl.)* erzählt die Geschichte des Eel-River-Tals und der Redwoodwälder. Im *Ferndale Art and Cultural Center (580 Main Street)* sind einige der skurrilen Fortbewegungsmittel des ☺ *Kinetic Sculpture Race* zu bewundern, das Ende Mai ganz ökologisch nur mit Menschenkraft ausgetragen wird.

INSIDER TIPP ▶ REDWOOD NATIONAL PARK (132 A1) (*A4*)
Bei *Orick* rund 60 km nördlich von Eureka beginnt das größte Schutzgebiet der Küsten-Redwoods. In dem auf mehrere Stücke verteilten Areal von ca. 500 km² stehen einige der höchsten Bäume der Welt – bis zu 112 m hoch. Gut hundert Jahre setzten die Äxte der Holzfäller den Wäldern hier zu, ehe 1968 der Park geschaffen wurde. Er birgt 16 000 ha alten Baumbestand – knapp die Hälfte aller noch stehenden *redwoods*. Die schönsten Haine mit Lehrpfaden liegen im ● *Prairie Creek Redwoods State Park* entlang des ☘ *Newton P. Drury Scenic Parkway,* in der *Lady Bird Johnson Grove* und der *Tall Trees Grove* bei Orick. Dort gibt es im *Kuchel Visitor Center* am Hwy. 101 auch kostenlose *permits* für Wanderungen. Weiter im Norden bei *Crescent City* lohnt sich eine Fahrt auf der Howland Hill Road und der schmalen Douglas Park Road durch den *Jedediah Smith Redwoods State Park* zur *Stout Grove* (keine Camper). Tipp: Die Attraktion der *Trees of Mystery* samt sprechendem Paul Bunyon, dem Rübezahl der *redwoods*, und Gondelfahrt durch den Wald am Hwy. 101 bei Klamath ist zwar etwas verkitscht, birgt aber **INSIDER TIPP ▶ ein sehenswertes** *Indianermuseum* hinter dem Souvenirladen.

TRINIDAD (132 A2) (*A4*)
Der alte Hafenort eine halbe Fahrstunde nördlich von Eureka lohnt den Stopp wegen der herrlichen Lage am Meer. Dazu locken Lachsräuchereien wie *Katy's Smokehouse (740 Edwards Street)* und gute Fischlokale. Direkt an einer traum-

---

⭐ **Avenue of the Giants**
Parade der Riesenbäume
→ S. 45

⭐ **Lassen Volcanic National Park**
Wo die Erde noch aktiv ist
→ S. 48

⭐ **Mendocino**
Bunte Künstlerdörfer und umtoste Klippen → S. 49

⭐ **Skunk Train**
Per Eisenbahn durchs Land der Redwoodwälder → S. 49

⭐ **Mount Shasta**
Der Nabel der Welt für Naturfreunde, Gipfelstürmer und New-Age-Jünger → S. 49

⭐ **Napa Valley**
Der Inbegriff kalifornischer Weinkultur → S. 52

MARCO POLO HIGHLIGHTS

haften Strandbucht schlemmt man im *Moonstone Grill (100 Moonstone Beach Road | Tel. 1 707 6 77 16 16 | €–€€)*.
Großartige Aussichten verspricht auch nahebei der ● 🌿 **INSIDER TIPP** *Patricks Point State Park*, eines der schönsten Kaps der Nordküste mit einsamen Steilklippen, Stränden und einem rekonstruierten Dorf der Yurok-Indianer. Im Frühjahr und Herbst sind von Trinidad aus häufig Wale zu beobachten.

Der Vulkan war zwischen 1914 und 1921 über 300-mal aktiv und „schläft" Geologen zufolge nur. Er liegt inmitten bizarrer Gesteinsformationen, wo brodelnde Thermal- und Schwefelquellen von seiner unterirdischen Aktivität zeugen.
Durch die *Sulphur Works Thermal Area* und *Bumpass Hell* führen ausgewiesene Wanderwege *(trails)*, auf denen man die Natur hautnah erleben kann. *Hot Rock* ist ein 400 t schwerer Lavabrocken, der mei-

Unter der Erde brodelt, zischt und faucht es: Lassen Volcanic National Park

LASSEN VOLCANIC NAT. PARK

(133 D3) (*𝄞 C4–5*) ⭐ Der Nationalpark liegt rund 150 km südöstlich von Mount Shasta am Hwy. 89. Mount Lassen ist der südlichste Gipfel der vulkanischen Cascade Range, 3178 m hoch und das ganze Jahr über schneebedeckt.

lenweit durch die Luft geschleudert wurde. *Chaos Jumbles* besteht aus Hunderttausenden von Lavateilen, über 4 km^2 verstreut.

ÜBERNACHTEN

BIDWELL HOUSE
Historische Villa mit charmantem B & B in einem kleinen Pionierort am Südrand des Nationalparks. *14 Zi. | 1 Main Street | Chester | Tel. 1530 2 58 33 38 | www.bidwellhouse.com | €–€€*

DRAKESBAD GUEST RANCH ☼

Historische Gästeranch im Hinterland des Parks. Propan statt Strom, alles öko, alles natürlich. *19 Zi. | Warner Valley Road | Chester | Tel. 1866 9 99 09 14 | www.drakesbad.com | Vollpension €€€*

AUSKUNFT

Informationen zum Nationalpark erhalten Sie in den *Ranger Stations*. Die größte befindet sich im *Loomis Museum* am Nordwesteingang. Das *Park Headquarter (SR 36, 14 km außerhalb des Parks | Tel. 1530 5 95 44 80 | www.nps.gov/lavo)* liegt in *Mineral*.

MENDOCINO

(132 A4) *(ɷ A6)* ⭐ **Steilklippen und kleine, umtoste Strandbuchten prägen die Küste zwischen Gualala und Fort Bragg.**

Entlang des Hwy. 1 liegen idyllische Dörfer, landeinwärts kleine Weingüter. Der bekannteste Ort ist ✂ *Mendocino* (800 Ew.), dessen gut erhaltene viktorianische Altstadt mit ihren traditionellen Holzhäusern reizvoll auf einer Halbinsel liegt und heute ein Zentrum für Kunst und Kunsthandwerk ist.

ESSEN & TRINKEN

INSIDER TIPP **CAFÉ BEAUJOLAIS**

Ein Gourmettempel für feine kalifornische Cuisine mit hübschem Garten. Spezialität: Stör. Unbedingt reservieren. *961 Ukiah Street | Tel. 1707 9 37 56 14 | www.cafebeaujolais.com | €€€*

HERON'S BY THE SEA ✂

Fischer Fisch, italienisch zubereitet, mit Hafenblick. *32100 N Harbor Drive | Fort Bragg | Tel. 1707 9 62 06 80 | €€*

FREIZEIT & SPORT

CATCH A CANOE & BICYCLES, TOO!

Vermietung von Kajaks, Kanus und Bikes. Ein guter Startpunkt für schöne Radtouren entlang der Pazifikküste. *Im Stanford Inn | Hwy. 1 | Ukiah Road | Tel. 1707 9 37 02 73 | www.catchacanoe.com*

SKUNK TRAIN ⭐

Ein Erlebnis ist die Fahrt mit der historischen Dampfeisenbahn durch die Redwoodwälder von Fort Bragg nach Willits. *Hwy. 1 | Laurel Street | Fort Bragg | Tel. 1707 9 64 63 71 | www.skunktrain.com*

ÜBERNACHTEN

AGATE COVE INN ✂

B&B in einem hübschen alten Holzhaus direkt an der Küste. *11 Zi., 8 Cottages | 11201 Lansing Street | Tel. 1707 9 37 05 51 | www.agatecove.com | €€–€€€*

THE ALBION RIVER INN

An der Mündung des Albion River . Viele Zimmer mit offenem Kamin. ☼ Restaurant mit Pazifikblick und feiner Regionalküche. *22 Zi. | 3790 N Hwy. 1 | Albion | Tel. 1707 9 37 19 19 | www.albionriverinn. com | €€€*

MOUNT SHASTA

(132 C1–2) *(ɷ B4)* ⭐ **Die Region um den Mount Shasta und die Cascade-Bergkette ist ein Land der tiefen Wälder, Seen, Gletscher und Vulkane, Domäne der Wanderer, Fischer, Kanu- und Floßenthusiasten.**

Im *Shasta National Forest* finden Sie 2500 km einsame Wanderwege. Der *Shasta Dam* mit einer 155 m hohen Staumauer hält das Wasser für den künstlichen *Lake Shasta* mit einer 500 km langen Uferlinie zurück – ein beliebtes Revier für Hausboottouren.

SEHENSWERTES

MOUNT SHASTA ●

Der 4317 m hohe und das ganze Jahr schneegekrönte Berg ist von weither sichtbar. Acht Gletscher schmiegen sich an seine Hänge, entlang des Wegs zum Gipfel dampfen heiße Quellen: Den Indianern einst der Sitz des Großen Geists, ist Mount Shasta den New-Age-Jüngern heute Heimat von Außerirdischen. Der ♒ *Everett Memorial Highway* bietet einen phantastischen Blick auf Berge und Täler. Vom Parkplatz *Bunny Flat* aus führt ein Trail 8 km und 2300 Höhenmeter auf den Gipfel – eine Tour nur für erfahrene Bergwanderer.

MOUNT SHASTA (ORT)

Ein sympathisches Städtchen (3500 Ew.) am Fuß des gleichnamigen Bergs. Viele Läden verkaufen Kristalle und esoterische Bücher. Die Quelle des *Sacramento River* ist eine Pilgerstätte für Ashram-Jünger und Naturphilosophen, überall werden Heilungen und Massagen angeboten.

ESSEN & TRINKEN

SEVEN SUNS CAFE

Gemütlicher Coffeeshop mit Terrasse am Südrand der Stadt. Nur Frühstück und Lunch. *1011 S Mount Shasta Blvd. | Mount Shasta | Tel. 1530 9 26 97 01 | €*

FREIZEIT & SPORT

FISCHEN

Angelgenehmigungen fürs Forellenfischen im Lower Sacramento und anderen Flüssen gibt es in Sport- und Lebensmittelgeschäften für zwei oder für zehn Tage. Touren arrangiert *The Fly Shop (4140 Churn Creek Road | Redding | Tel. 1 800 6 69 34 74).*

HAUSBOOTE

Lake Shasta: *Packer's Bay Marina (Shasta Lake | Tel. 1530 2 75 55 70 | www.packersbay.com);* Lake Trinity: *Trinity Alps Marina (Lewistown | Tel. 1530 2 86 22 82 | www.trinityalpsmarina.com).*

RIVER DANCERS

1–3-tägige Raftingtrips auf Klamath und Sacramento River. Ruhige Driftfahrten für Anfänger und Familien – oder auf reißendem Wildwasser für Adrenalinjunkies. *302 Terry Lynn Av. | Mount Shasta | Tel. 1530 9 26 35 17 | www.riverdancers.com*

ÜBERNACHTEN

MCCLOUD HOTEL

Gutes, renoviertes B & B in historischem Gebäude. Suiten mit Jacuzzi. *4 Suiten, 12 Zi. | 408 Main Street | McCloud | Tel.*

LOW BUDG€T

▶ Zum Frühstück *Pancakes* oder Eier mit Speck, riesige Burger und dicke Steaks den Rest des Tages: Gut fünf Dutzend *Black Bear Diner (401 W Lake Street)* gibt es schon. In Mount Shasta stand der erste.

▶ Eine günstige Alternative zu teuren Küstenorten wie Mendocino ist der alte Holzfällerort *Fort Bragg* nur eine halbe Stunde Fahrt weiter nördlich. Hier kosten Motelzimmer meist unter 100 $, so z. B. im *Surf Motel (1220 S Main Street | Tel. 1707 9 64 53 61).*

Lake Shasta – ein künstlicher See, aufgestaut mit dem Wasser des Sacramento River

1530 9642822 | www.mccloudhotel. com | €€

MOUNT SHASTA RANCH

Ein imposantes Ranchhaus von 1923 mit Bonanza-Flair. Einfach großartig ist die ☼ Veranda mit schönem Blick auf den Mount Shasta. *1008 W. A. Barr Road | Mount Shasta | Tel. 1530 9263870 | www.stayinshasta.com | €–€€*

RAILROAD PARK RESORT

Nostalgisch und nicht nur für Bahnfans: In diesem Resort schlafen Sie in restaurierten Passagier- und Bremswagen aus dem Wilden Westen. Mit Pool. *100 Railroad Park Road | Dunsmuir | Tel. 1530 2354440 | www.rrpark.com | €€*

INSIDER TIPP STEWART MINERAL SPRINGS

Hippienostalgie pur: In der idyllisch gelegenen Unterkunft gibt es einfache Blockhütten, Motelapartments und ganz billig: Tipis. Der Clou: ein altes Badehaus aus Holz mit einer kaminbefeuerten Sauna. *Weed | Tel. 1530 9382222 | www.stewartmineralsprings.com | €*

AUSKUNFT

SHASTA CASCADE WONDERLAND ASSOCIATION

Welcome Center: *1699 Hwy. 273 | Anderson | Tel. 1530 3657500 | www.shastacascade.com*

ZIEL IN DER UMGEBUNG

REDDING (132 C3) (*Ⓜ B4*)

Guter Ausgangspunkt für Touren. Die Attraktion der Stadt (87 000 Ew.) rund 100 km südlich ist der *Turtle Bay Exploration Park (tgl. 9–17 Uhr | Eintritt 14 $ | Hwy. 44 | www.turtlebay.org),* eine weitläufige Gartenanlage mit Museen und der einzigartigen INSIDER TIPP *Sundial Bridge*, einer 2004 eröffneten, freitragenden Schrägseilbrücke von Santiago Calatrava über den Sacramento River.

Napa Valley: Schatzkiste der Natur mit bestem Boden für Weinanbau

NAPA VALLEY

(132 C5–6) (🗺 B6–7) ⭐ **Über 200 Weingüter mit einer Anbaufläche von 150 km² drängen sich im Napa Valley, dem 40 km langen, zu Recht berühmtesten Weintal Amerikas.**

Die Stadt *Napa* (76 000 Ew.) am Südeingang des Tals ist das Versorgungszentrum, die Kellereien liegen weiter nördlich entlang des Hwy. 29. Als Rundtour können Sie den *Silverado Trail* auf der Ostseite des Tals wieder zurückfahren.

SEHENSWERTES

WEINDÖRFER

In der Stadt *Napa* lohnt neben der jüngst restaurierten kleinen Altstadt der *Farmer's Market (Mai–Okt. Di und Sa-morgen | 500 1st Street)* einen Besuch. Mehrere exzellente Restaurants sowie die alte Destille *V Marketplace,* heute ein hübsches Shoppingcenter, haben *Yountville* bekannt gemacht. Nördlich davon liegen um *Rutherford*, *Oakville* und *Saint Helena* die meisten der bekannten Weingüter. Das von idyllischen Hügeln umrahmte *Calistoga* (5000 Ew.) ganz im Norden hat sich vor allem als Heilbad einen Namen gemacht und besitzt – der vulkanische Boden lässt grüßen – einen echten Geysir: den *Old Faithful.*

WEINGÜTER

Die meisten Kellereien offerieren Weinproben *(meist 10–25 $ Gebühr)* und einige verfügen auch über erstklassige Restaurants. Gute Führungen bieten *Beringer Vineyards (Saint Helena | Tel. 1707 9 63 89 89), Robert Mondavi (Oakville | Tel. 1888 7 66 63 28)* und die Sektkellerei *Schramsberg (Calistoga | Tel. 1707 9 42 45 58).*

Ebenfalls sehenswert: *Clos Pegase* mit spektakulärer Architektur von Michael Graves (Calistoga), die *Inglenook Winery* des Filmregisseurs Francis Ford Coppola bei Rutherford, *Sterling Vineyards* hoch über dem Tal bei Calistoga sowie die Champagnerkellerei Domain Chandon (Yountville). Interessant ist zudem die 🔵 INSIDER TIPP *Hess Collection (Tel. 1707 2 55 11 44 | www.hesscollection.com)* mit einer Sammlung moderner Kunst in den Hügeln oberhalb von Napa. Hess zählte übrigens bereits 2008 zu den ersten zehn Weingütern Kaliforniens, die ein Ökozertifikat für nachhaltigen Weinbau ohne Pestizide erhielten.

ESSEN & TRINKEN

INSIDER TIPP ▸ CINDY'S BACKSTREET KITCHEN

California Cuisine zu vernünftigen Preisen. Fabelhafte Weinauswahl, auch zum Verkosten in der Bar. *1327 Railroad Av. | Saint Helena | Tel. 1707 9 63 12 00 | €€*

OXBOW PUBLIC MARKET ● ☺

Gourmetmarkt mit Bioläden (Austern!), kleinen Lokalen und mehreren Weinhändlern. Super-Bioburger serviert *Gott's Roadside (€). 610 1st Street | Napa*

TRA VIGNE

Köstliche toskanische Küche mit kalifornischem Touch. *1050 Charter Oak Av. | Saint Helena | Tel. 1707 9 63 44 44 | €€€*

ZUZU ☺

Spanisch-kalifornische Tapas aus Bioprodukten und gute Weine. *829 Main Street | Napa | Tel. 1707 2 24 85 55 | €€*

EINKAUFEN

NAPA PREMIUM OUTLETS

Gutes Outlet mit 50 Läden großer Marken wie Hilfiger, Levi's, Nautica. *Mo–Sa 10–21, So 10–19 Uhr | Highway 29 | 1st Street Exit | Napa*

FREIZEIT & SPORT

NAPA VALLEY BALLOONS

Einmalig: bei Sonnenaufgang in einem Heißluftballon über den Weingärten schweben. *Inkl. Champagnerbrunch ca. 215 $ | Yountville | Tel. 1707 9 44 02 28*

INDIAN SPRINGS RESORT & SPA ●

Ältestes Spa des Heilbads Calistoga. Für Tagesgäste gibt es Schlammpackungen mit Vulkanasche, Massagen und Mineralbäder. Auch 24 Zimmer *(€€€). 1712 Lincoln Av. | Calistoga | Tel. 1707 9 42 49 13*

SAINT HELENA CYCLERY

Radvermietung und Routentipps. *1156 Main Street | Saint Helena | Tel. 1707 9 63 77 36 | sthelenacyclery.com*

ÜBERNACHTEN

EL BONITA MOTEL

Stilvolles Nostalgiemotel am Hwy. 29 mit Garten und Pool. *23 Zi. | 195 Main Street | Saint Helena | Tel. 1707 9 63 32 16 | www.elbonita.com | €€–€€€*

THE LOST COAST

Hier kapituliert selbst der *Highway 1*. Die Traumstraße, die Big Sur so meisterhaft bewältigt hat, dreht hinter Fort Bragg kleinlaut bei, um sich bei Legget dem Hwy. 101 anzuschließen. Der Grund liegt geradeaus: Hier öffnet sich eine dramatische, tief zerfurchte Küstenlandschaft, vor der die erfahrensten Straßenbauer resignierten. 120 km lang ist der Abschnitt, der seiner Wildheit wegen *Lost Coast* genannt wird. Landschaftliche Höhepunkte setzen der *Sinkyone Wilderness State Park* und die *King Range National Conservation Area*, die sich auf dem *Lost Coast Trail* erwandern lässt, der zu Schiffswracks und einem verlassenen Leuchtturm führt. *Infos: Bureau of Land Management (1695 Heindon Road | Arcata | Tel. 1707 8 25 23 00 | www.blm.gov/ca).*

NAPA WINERY INN

Dreistöckiges, neues Hotel am Hwy. 29 mit Pool und eigener Kleinbrauerei. *59 Zi. | 1998 Trower Av. | Napa | Tel. 1707 2 57 72 20 | www.napawineryinn.com | €€–€€€*

AUSKUNFT

NAPA VALLEY WELCOME CENTER

600 Main Street | Tel. 1707 2 51 58 95 | www.visitnapavalley.com

SONOMA VALLEY

(132 C6) *(⊞ B7)* **Das Sonoma Valley ist das kleinere und weniger überlaufene der beiden berühmten Weintäler des kalifornischen Nordens.**

Der Ort *Sonoma* (9600 Ew.) liegt eine Autostunde nördlich von San Francisco am Hwy. 12 und gilt als Geburtsort des kalifornischen Weins. Sein Mittelpunkt ist **INSIDER TIPP** eine lebendige Plaza, umgeben von Adobe-(Lehmziegel-)Häusern, 1835 vom mexikanischen General Mariano Vallejo angelegt.

Östlich von *Glen Ellen* finden Sie den *Jack London Historic State Park,* der den Landbesitz und das Grab des Schriftstellers („Der Seewolf") umfasst. Das Haus ist heute ein Museum *(tgl. 10–17 Uhr | Eintritt 10 $ pro Fahrzeug).* Ganz in der Nähe können Sie in den Weingütern *Kunde* (9825 Sonoma Hwy.) und *Kenwood* (9592 Sonoma Hwy.) gute Merlots und Sauvignon Blancs verkosten. Gleich außerhalb des Ortes Sonoma verdient auch die *Buena Vista Winery* einen Besuch, das älteste Weingut der Region *(18 000 Old Winery Road, schöner Picknickplatz).* Zahlreiche weitere gute Weingüter finden Sie weiter nördlich um *Healdsburg.*

ESSEN & TRINKEN

JOHN ASH & CO.

Bekanntes Sternerestaurant mit kalifornischer Küche, Frische und Vielfalt ist Trumpf. Angeschlossen ist ein eines kleines, feines Luxushotel *(44 Zi.). 4350 Barnes Road | Santa Rosa | Tel. 1707 5 27 76 87 | www.vintnersinn.com | €€€*

INSIDER TIPP ▸ **MAYA**

Mexikanische Rezepte, raffiniert zubereitet mit marktfrischen Ingredienen. *101 E Napa Street | Sonoma | Tel. 1707 9 35 35 00 | €–€€*

ÜBERNACHTEN

EL PUEBLO INN

Für die Sonoma-Region relativ preiswerte Bleibe im Haziendastil. *53 Zi. | 896 W Napa Street | Sonoma | Tel. 1707 9 96 36 51 | www.elpuebloinn.com | €€*

FAIRMONT SONOMA MISSION INN & SPA

Hotel aus den 1920er-Jahren, in dem Sie die heißen Quellen genießen können – und die dazugehörige *spa cuisine. 226 Zi. | 100 Boyes Blvd. | Sonoma | Tel. 1707 9 38 90 00 | www.fairmont.com | €€€*

AUSKUNFT

SONOMA VALLEY VISITORS BUREAU

Karten und Infos auch über Weingüter und Restaurants. *Sonoma Plaza und am Hwy. 121 | Sonoma | Tel. 1707 9 96 10 90 | www.sonomavalley.com*

ZIELE IN DER UMGEBUNG

POINT REYES NATIONAL SEASHORE

(132 B6) *(⊞ B7)*

Einsame Strände, grüne Wiesen, Steilklippen: Point Reyes ist das letzte große, völlig unberührte Schutzgebiet an der Küste Kaliforniens. Ein ideales Wanderrevier sind die dramatischen Küstenlandschaften vor allem im Frühjahr während der Blüte der Wildblumen und zum Walebeobachten – im Sommer herrscht hingegen viel Nebel. Das Schutzgebiet liegt etwa 50 km von Sonoma und in derselben Distanz zu San Francisco, sodass sich gut eine 2- bis 3-tägige Rundfahrt mit Wein und Küste planen lässt.

Für Hobbyornithologen sicherlich interessant sind die *Bolinas Lagoon (www. egret.org)* der *Audubon Canyon Ranch*, wo jedes Frühjahr Hunderte von Reihern nisten. Kajak- und Wandertouren um die Tomales Bay, auch Kajakvermietung organisiert *Blue Waters Kayaking (60 4th Street | Point Reyes Station | Tel. 1 415 6 69 26 00 | www.bwkayak.com)*.

Ein guter Übernachtungstipp ist die *Point Reyes Seashore Lodge (10021 Hwy. 1 | Olema | Tel. 1 415 6 63 90 00 | www. pointreyesseashore.com | €€–€€€),* die zwar nicht am Meer liegt, aber 24 sehr komfortable Zimmer bietet.

SONOMA COAST (132 B5–6) *(*ℳ *A6–7)* Zwischen *Bodega Bay* und *Gualala* erleben Sie einen der Höhepunkte Ihrer Kalifornienreise: Küste pur. Steil, zerrissen und mit pittoresken Strandbuchten. *Bodega Bay,* ein Fischerdorf, 1775 gegründet und heute Hochburg für Hochseefischer, hat Filmgeschichte gemacht: Hier wurde Alfred Hitchcocks Schocker „Die Vögel" gedreht. Im *Fort Ross State Historical Park* steht die Nachbildung eines russischen Fellhandelspostens aus dem Jahr 1812.

Der *Bodega Harbor Inn (14 Zi., 5 Ferienhäuser | 1345 Bodega Av. | Tel. 1 707 8 75 35 94 | www.bodegaharborinn.com | €)* ist ein gemütliches Motel nur wenige Schritte vom Wasser. Teurer, aber stilvoller ist weiter nördlich bei Gualala die mit viel Holz gestaltete 🙂 *Sea Ranch Lodge (19 Zi. | 60 Sea Walk Drive | The Sea Ranch | Tel. 1 707 7 85 23 71 | www. searanchlodge.com | €€€),* die in den 1960er-Jahren als eines der ersten energiesparenden Ökoresorts Kaliforniens gebaut wurde.

Ehemalige Landresidenz des Generals Mariano Vallejo, Gründer des Städtchens Sonoma

ZENTRAL-KALIFORNIEN

Die Hauptstadt Kaliforniens heißt nicht San Francisco und nicht Los Angeles, sondern Sacramento. Dass dieser Umstand kaum bekannt ist, liegt daran, dass das historische Zentrum des Staats sich hinter seiner Rolle als Obst- und Gemüseanbaugebiet versteckt.

Dabei entstand unweit von hier, in den Vorbergen der Sierra Nevada, das moderne Kalifornien. Das *Gold Country,* das von Oakhurst im Süden bis Nevada City im Norden reicht, bekam seinen Namen, als James Marshall am 24. Januar 1848 beim Bau eines Sägewerks die ersten Nuggets entdeckte. Bald schwärmten Hunderttausende von Abenteurern aus aller Welt über die Sierra Nevada aus, um ihr Glück zu machen. Einige wurden reich, die anderen fanden statt Gold-

klumpen nur hohe Preise, windschiefe Bretterbuden und verruchte Bars (50 gab es allein im Örtchen Coulterville). Viele kamen per Schiff um Kap Hoorn, manche auch quer über den Kontinent, wo sie an der Ostgrenze Kaliforniens noch die über 4000 m hoch aufragende Sierra Nevada überwinden mussten. Was damals eine Tortur war, ist heute ein Vergnügen: Herrliche Passstraßen und Wandertrails erschließen die dramatische Granitwelt der High Sierra. Parks wie Yosemite und Sequoia-/Kings Canyon oder Seen wie der Lake Tahoe und der bizarre Mono Lake sind hier populäre Ziele.

Das beliebteste Reiseregion Zentralkaliforniens liegt jedoch weiter im Westen: die 650 km lange Pazifikküste zwischen San Francisco und Los Angeles. Auf weite

Bild: Yosemite National Park

Hochalpine Gipfelwelten und die Traumstraße am Pazifik – auf Sie warten kontrastreiche Erlebnisse im Herzstück Kaliforniens

Strecken sieht sie so aus, als sei sie von der Moderne vergessen worden, besonders das Stück zwischen Monterey und San Luis Obispo. Einsame Sandstrände, zerklüftete Steilklippen und viel intakte Natur begleiten hier den Hwy. 1, die berühmte Traumstraße. Diesen Spielplatz von Ottern, See-Elefanten und Grauwalen machten Fotografen wie Ansel Adams und Edward Weston berühmt durch ihre eindrucksvollen Bilder.

Den kleinen Städten am Weg haben die Spanier ihren Stempel aufgedrückt, die von Mexiko aus ab Mitte des 18. Jhs. diesen Landstrich missionierten. Geblieben sind pittoreske Missionen in charmanten Orten wie Carmel, San Luis Obispo oder Santa Barbara. Nicht zu vergessen die Liebe zum Weinbau, der heute im Hinterland der gesamten Küste wieder mit viel Erfolg gepflegt wird.

Die Central Coast durchfahren Sie am besten, egal ob von Norden oder Süden kommend, auf dem Hwy. 1. Er folgt auf fast der gesamten Länge der Küste. Doch Vorsicht: Es gibt kaum Querverbin-

In Jamestown werden die Erinnerungen an das einstige Goldabenteuer gepflegt

dungen zwischen der Küste und der Sierra Nevada. Deshalb empfiehlt sich eine Rundfahrt: zuerst die Küste nach Süden, später kehrt man entlang der Berge zurück nach Norden.

GOLD COUNTRY

(133 D–E 4–6) (*C–D 6–8*) Der ⭐ ● Highway 49 durchs Gold Country mit seinen alten Westernstädtchen verläuft von Oakhurst im Süden bis Nevada City im Norden einmal längs durchs historische Goldland am Hang der Sierra Nevada.

Vom großen Goldrausch übrig blieben die von Schriftstellern wie Mark Twain verewigten Legenden sowie die über das Goldgräberland verstreuten hölzernen Zeugen, die teils als Geisterstadt verfallen, teils als Museum herausgeputzt wurden.

SEHENSWERTES

GOLDGRÄBERSTÄDTE

In den Zeiten des großen Goldrauschs starben häufig kleine Städte schnell wieder aus, sobald Gerüchte von neuen Goldfunden aufkamen. Das fotogene Wildweststädtchen **INSIDER TIPP** *Jamestown* (133 E6) (*C7*) im Süden des Hwy. 49 bewahrt mit seiner recht authentischen *Main Street* sehr gut das Flair der Pionierzeit. Im Freiluft-Eisenbahnmuseum *Railtown 1897 (im Sommer 9.30–16.30 Uhr | Eintritt 5 $ | Fifth Av.)* werden Sie so manche Lok aus berühmten Hollywood-Western wiedererkennen.

Zu den noch sehr gut erhaltenen Orten gehören auch die alte Bergbaustadt **INSIDER TIPP** *Columbia* (133 E6) (*C7*) und *Sutter Creek* (133 D6) (*C7*). Das 65 km östlich von Sacramento gelegene *Placerville* (133 D5) (*C6*) hieß ursprünglich *Hangtown:* Hier war Tod durch den Strang einst die häufigste Todesursache. Das dortige *El Dorado County Histori-*

cal Museum (Mi–Sa 10–16, So 12–16 Uhr | Eintritt frei | 104 Placerville Drive) gibt einen guten Einblick in die Geschichte von Gold Country. Am Ortsrand wurde die *Gold Bug Mine (im Sommer 10–16 Uhr | Eintritt 5 $ | Bedford Av.)* wieder Besuchern zugänglich gemacht, die den mühsamen Bergbau der damaligen Zeit zeigt. Nördlich von Placerville liegt *Coloma* (133 D5) *(ɯ C6)*, wo James Marshall den alles auslösenden ersten Goldklumpen fand. Im *Marshall Gold Discovery State Historic Park* wurde *Sutter's Mill,* das Sägewerk, für das Marshall arbeitete, eigens nachgebaut.

Auburn (133 D5) *(ɯ C6)* (11 000 Ew.) besitzt eine Altstadt, die von der wilden Zeit des Goldrauschs zeugt. *Empire Mine* bei Grass Valley schloss erst 1950, nachdem Gold für 100 Mio. Dollar aus dem Hauptschacht gefördert worden war. Der Ort *Grass Valley* (133 D4) *(ɯ C6)* (12 000 Ew.), Alterssitz von Lola Montez, Tänzerin und Geliebte Ludwigs I. von Bayern, beherbergt auch das *North Star Mining Museum (im Sommer tgl. 10–17,* *So ab 12 Uhr | Eintritt frei | Allison Ranch Road).*

Nevada City (133 D4) *(ɯ C6)* hatte 1850 bereits 10 000 Einwohner (heute sind es nur noch 3000) und ist eines der besterhaltenen Goldgräberstädchen. Hinter schmucken Fassaden residieren Antikläden und gute Restaurants.

16 km weiter nördlich liegt der *Malakoff Diggins Historic State Park* (133 D4) *(ɯ C6)*, einst die größte Goldmine, in der das Metall mit Wasserkraft aus den Felsen gewaschen wurde.

ESSEN & TRINKEN

SAINT CHARLES SALOON

150 Jahre alt und immer noch etwas verrucht. *22801 Main Street | Columbia | Tel. 1 209 5 33 46 56 | €*

SUSAN'S PLACE

Kalifornische Küche und gute Weinauswahl in einem charmanten Terrassenlokal. *15 Eureka Street | Sutter Creek | Tel. 1 209 2 67 09 45 | €€*

★ **Highway 49**
Wildwestorte und Panoramablicke: Gut 300 km lang schlängelt sich der Highway 49 durchs Goldgräberland
→ S. 58

★ **Highway 1**
Perfekte Steilküstenkulisse für das eigene Roadmovie → S. 60

★ **Carmel**
Einst Künstlerkolonie, heute ein hübsches Strandstädtchen → S. 62

★ **Monterey Bay Aquarium**
Faszinierende Unterwasserwelt
→ S. 63

★ **Lake Tahoe**
Der größte Bergsee Nordamerikas
→ S. 64

★ **Santa Barbara**
Junge Szene, heitere Atmosphäre, Palmenalleen und feinsandige Strände → S. 68

★ **Sequoia/Kings Canyon**
2500 Jahre alt: Mammutbäume am Generals' Highway → S. 70

★ **Yosemite National Park**
Wandern in einem der schönsten Nationalparks, der gleich mehrere Ökozonen umfasst → S. 71

MARCO POLO HIGHLIGHTS

TOFANELLI'S
Zum Frühstück gibt es 100 verschiedene Omeletts, zum Lunch gute Salate und Sandwiches, abends prima Steaks. *302 W Main Street | Grass Valley | Tel. 1530 2 72 14 68 | €–€€*

ÜBERNACHTEN

HOLBROOKE HOTEL
Einst Saloon und Bordell, heute traditionsreichste Herberge am Ort. Gutes Restaurant. *28 Zi. | 212 Main Street | Grass Valley | Tel. 1530 2 73 13 53 | www. holbrooke.com | €–€€*

LOW BUDGET

▶ Markenhemden, Shorts, Jacken, Röcke – die günstigste Ladenkette in Kalifornien ist *Ross – Dress for Less*. Meist liegen die schmucklosen Läden der Kette in Shoppingmalls an den Stadträndern (z. B. in Pismo Beach: *829 Oak Park Blvd.*). Man muss etwas suchen, aber es lohnt sich.

▶ Jeder bessere Supermarkt hat eine eigene *deli section*, eine Theke mit Wurst, frischen Sandwiches, Sushi, Salaten und oft auch günstigen heißen Gerichten wie Hühnchen oder *spareribs*. Einkaufen, und dann ab zu einem Picknickplatz mit herrlichem Bergblick.

▶ Die kostenlose *Sacramento Gold Card* bietet für Übernachtungsgäste in Sacramento zahlreiche Vergünstigungen, darunter Attraktionen mit Eintritten „2 für 1", kostenlose Vorspeisen in Restaurants sowie Shoppingrabatte.

1859 HISTORIC NATIONAL HOTEL
Gemütliches, renoviertes Hotel aus der Goldgräberzeit. Mit Saloon und Restaurant. *9 Zi. | 18183 Main Street | Jamestown | Tel. 1209 9 84 34 46 | www. national-hotel.com*

HIGHWAY 1/ BIG SUR

(134 A–B 3–4) (*ⓜ B–C 8–9*) **Auf rund 150 km Länge schlängelt sich die Küstenstraße von Monterey bis San Simeon die Steilklippen entlang. Dies ist der schönste Abschnitt des** ⭐ 🔵 🔆 **Highway 1, der legendären Traumstraße am Pazifik.** In den 1920er-Jahren wurde die Straße von Strafgefangenen gebaut. Oft hängt Nebel unmittelbar vor oder über der Küste, der den Eindruck von wilder Romantik noch verstärkt. Viele berühmte Aussteiger, darunter auch der Schriftsteller Henry Miller, haben die Abgeschiedenheit dieser Küste gesucht, die meisten in der Nähe des Orts *Big Sur* (1000 Ew.). Heute gehören hier die (seltenen) Baugrundstücke zu den teuersten von ganz Kalifornien. Nur an wenigen Stellen hat man zwischen den steilen Felsen Zugang zum Strand. Die schönsten Strände der Region sind **INSIDER TIPP** *Pfeiffer Beach (im Pfeiffer Big Sur State Park | Anfahrt schlecht für große Wohnmobile), Julia Pfeiffer Burns State Park* und *Jade Cove*.

SEHENSWERTES

BIG SUR (134 A3) (*ⓜ B9*)
Für viele ist dieser spektakuläre Küstenabschnitt das Herzstück des Highway 1. Hier entstanden vor 50 Jahren heute legendäre Hippiekolonien, hier fotografierte einst Ansel Adams, hier lebte und liebte Henry Miller. Ein mächtiges Fels-

Aussichtsreicher Sandwichstopp auf dem Highway 1: Terrassenlokal Nepenthe

kap mit Leuchtturm markiert von Norden kommend den Anfang. Nach weiten Küstenpanoramen folgen kleine Redwoodwälder entlang des Big Sur River, dann bei ✳ *Nepenthe,* dem einstigen Sommerhaus von Orson Welles und Rita Hayworth, öffnen sich gewaltige Blicke über die Steilküste. Tipp: Nur etwa 400 m südlich des Lokals erinnert linker Hand hinter Bäumen versteckt die **INSIDER TIPP** *Henry Miller Library (Mi–Mo 11–18 Uhr | Eintritt frei, Spende erbeten)* an den berühmten Schriftsteller. Der frühere Privatsekretär Millers, der Österreicher Emil White, richtete die Gedenkstätte ein, in der heute auch Kunstausstellungen, Filmvorführungen und Lesungen stattfinden.

ESSEN & TRINKEN

NEPENTHE ✳
Genießen Sie Burgers und Sandwiches auf einem 250-m-Kliff mit einem schönen Blick auf den Ozean. *48510 Hwy. 1 |*
5 km südlich von Big Sur | Tel. 1831 6 67 23 45 | €–€€

ROCKY POINT RESTAURANT ✳
Weite Ausblicke und eine schöne Terrasse am Wasser rund 15 km südlich von Carmel. Im Winter gut zum Lunch mit Walbeobachtung. *36700 Hwy. 1 | Tel. 1831 6 24 29 33 | €€–€€€*

ÜBERNACHTEN

CAMALDONI MONASTERY ✳
Meditation hoch über der Steilküste? Die Mönche dieses Klosters südlich von Big Sur bieten schlichte Einzelzimmer mit grandiosem Ausblick. *16 Zi. | 62485 Hwy. 1 | Big Sur | Tel. 1831 6 672 456 | www.contemplation.com | €–€€ inkl. Mahlzeiten*

INSIDER TIPP GLEN OAKS BIG SUR ☺
Ein stilvolles Motel, in vielen Aspekten ökologisch renoviert, im Tal des Big Sur

River. Sehr gemütlich. *17 Zi. | Hwy. 1 | Big Sur | Tel. 1831 6672105 | www. glenoaksbigsur.com | €€–€€€*

MONTEREY PENINSULA

(134 A3) (⊞ B8) Am Südende der zypressenbestandenen Halbinsel liegt der Landstrich, den Robert Louis Stevenson als „das schönste Aufeinandertreffen von Land und See auf dieser Erde" bezeichnet hat: Point Lobos State Reserve.

SEHENSWERTES

CARMEL ★

Das 4000-Seelen-Städtchen, einst als Künstlerkolonie gegründet, hat sich mit seiner herrlichen, sanft geschwungenen Strandbucht, mit vielen witzigen Boutiquen und guten Restaurants heute zum Touristenmagnet gemausert.

MONTEREY

Der Hauptort (32 000 Ew.) der Region war eine der frühesten Siedlungen der Spanier, die hier schon 1602 ankerten und Monterey später zur Hauptstadt ih-

Einer der berühmtesten Golfplätze ist Pebble Beach Golf am 17-Mile-Drive

Der Pazifik bietet an diesem Abschnitt eine Unterwasserfauna, die zu den vielfältigsten der Welt gehört – ein Paradies für Wanderer und Taucher. Während Point Lobos auch an Land noch recht unberührt ist, präsentiert sich die Monterey-Halbinsel selbst mit schönen Golfplätzen, Panoramastraßen und gepflegten Wohnsiedlungen gut erschlossen – fast wie eine kalifornische Côte d'Azur.

rer Kolonie *Alta California* machten. Der in den Gehwegen markierte *Path of History* führt zu den Adobe-Bauten der Altstadt aus spanischer Zeit. An *Fisherman's Wharf,* einst Anlaufpunkt von Schonern, die um Kap Hoorn segelten, haben sich heute viele Restaurants angesiedelt. Und die *Cannery Row,* an der bis zum Ende des Zweiten Weltkriegs die größte Sardinenkonservenfabrikation der Welt lag, kam im gleichnamigen Roman des Nobelpreisträgers John Steinbeck zu Ehren. Hier befindet sich auch das ⭐ ● *Monterey Bay Aquarium (tgl. 10–18, im Sommer ab 9.30 Uhr | Eintritt 35 $ | 886 Cannery Row | ausgezeichnete Podcasts und Videos unter: www.montereybayaquarium.org)*, ein Aquarium der Extraklasse: Thunfische, Haie und 700 weitere Fischarten, aber auch Pinguine und Albatrosse sind zu sehen. Spektakulär: der Wald aus Seetang auf drei Stockwerken, die Seeotter und die Quallen.

POINT LOBOS STATE RESERVE
Das Schutzgebiet am Südende der Monterey-Halbinsel ist mit seinen umtosten Klippen, blauen Buchten, in denen Seeotter spielen, und traumhaften Wanderwegen ein echtes Juwel der kalifornischen Küste. Am schönsten frühmorgens oder zum *sun down. Highway 1*

SALINAS
Hier wurde John Steinbeck, der Chronist der Weltwirtschaftskrise („Früchte des Zorns", „Jenseits von Eden"), geboren. Sein Leben und seine Zeit werden im **INSIDER TIPP** ▶ *National Steinbeck Center (tgl. 10–17 Uhr | Eintritt 15 $ | 1 Main Street)* eindrucksvoll dokumentiert.

17-MILE-DRIVE ☼
Wer sehen will, wie die High Society in Kalifornien lebt, ist auf dieser Mautstraße *(9,75 $ pro Fahrzeug)* richtig: Von Monterey bis Carmel schlängelt sich die Panoramastraße durch Villenviertel und berühmte Golfplätze wie *Pebble Beach*.

ESSEN & TRINKEN

KATY'S PLACE
Das netteste Frühstückslokal weit und breit. *Mission Street/6th Street | Carmel | Tel. 1831 6 24 01 99 | €*

MONTRIO ☺
Frische, lokale Zutaten, tolle Kreationen und gute Weinkarte. *414 Calle Principal | Monterey | Tel. 1831 6 48 88 80 | €€€*

FREIZEIT & SPORT

KAJAK
Ein idealer Weg, um Ottern, Seelöwen und Delphinen näherzukommen, z. B. mit *Monterey Bay Kayaks (693 Del Monte Av. | Monterey | Tel. 1800 6 49 53 57)*.

LAGUNA SECA RANCH GOLF CLUB
Über ein Dutzend Golfplätze liegen um Monterey – die meisten in Privatbesitz. Dies ist einer der wenigen öffentlichen Plätze. Wegen der hohen Nachfrage liegen *green fees* vielerorts über 150 $ (über das Hotel Abschlagzeiten reservieren). *Ab 40 $ | Monterey | Tel. 1831 3 73 37 01.*

MONTEREY BAY WHALE WATCH
Grauwale können Sie von Dezember bis März beobachten, Blau- und Buckelwale lassen sich im Sommer sehen (weitere Veranstalter an Fisherman's Wharf). *84 Fisherman's Wharf | Tel. 1831 3 75 46 58 | www.montereybaywhalewatch.com*

ÜBERNACHTEN

COBBLESTONE INN
Antiquitäten und Kamin in jedem der 24 Zimmer. *Junipero Street | zwischen 7th und 8th Av. | Carmel | Tel. 1800 8 33 88 36 | www.cobblestoneinncarmel.com | €€–€€€*

AUSKUNFT

MONTEREY PENINSULA VISITOR AND CONVENTION BUREAU
401 Camino El Estero | Monterey | Tel. 1888 2 211010 | www.seemonterey.com

LAKE TAHOE

(133 E4–5) (*M D6***) ⭐ Nordamerikas** **größter Bergsee (35 km lang, 19 km breit), Lake Tahoe, liegt 2000 m hoch in einer Mulde zwischen der Sierra Nevada und dem Ostende der Carson Range.** Die ihn umgebenden *national forests* und Bergspitzen wie *Eldorado, Tahoe* und *Toiyabe* überragen den Wasserspie-

3 $ | 130 W Lake Blvd. | Tahoe City) informiert über diesen Aspekt der Landesgeschichte. Im *Emerald Bay State Park* können Sie die Schönheit der Landschaft in Ruhe bewundern.

ESSEN & TRINKEN

Dinner in Nevada: Es kann sich lohnen, auf die andere Seite der Grenze zu wechseln: Die Kasinos von *Stateline* auf der

Der kristallklare Lake Tahoe ist die ultimative Spielwiese für Wassersportler

gel noch um 1200 m. 274 Sonnentage im Jahr und zuverlässige Schneeverhältnisse machen *Tahoe* zu einem Paradies für Angler, Wassersportler und Skifahrer. Der berühmteste Wintersportort ist *Squaw Valley*, Schauplatz der Olympischen Winterspiele 1960.

Die Tradition des Gebiets als Sommerfrische pflegten bereits die Washoe-Indianer. Das *Gatekeeper's Log Cabin Museum* (im Sommer Mi–Mo 10–17 Uhr | Eintritt

Nevada-Seite des Lake Tahoe bieten sehr preiswerte Buffets an – oft nur 25–35 $ zum Sattessen! So etwa das ☀ *Forrest Buffet* mit herrlichem Blick aus dem 18. Stockwerk des *Harrah's*.

INSIDER TIPP ▶ ERNIE'S COFFEE SHOP
Sehr beliebtes Diner. Hier erhalten Sie ein riesiges Frühstück ab 6 Uhr und Lunch bis 14 Uhr. *1207 Hwy. 50 | Tel. 1530 5 41 21 61 | €*

WOLFDALE'S ☸

Kalifornisch-japanische Küche mit Terrasse und Blick auf den See. *640 N Lake Blvd. | Tahoe City | Tel. 1 530 5 83 57 00 | €€–€€€*

FREIZEIT & SPORT

Ganz entspannt können Sie Ausfahrten auf den See an Bord des Raddampfers *Tahoe Queen (ab 47 $ | Ski Run Marina | South Lake Tahoe | Tel. 1 800 2 38 24 63)* genießen. Sportlicher sind Sie allerdings mit einem gemieteten Kanu, Kajak oder Jetski. *Tahoe City Marina (700 N Lake Blvd. | Tahoe City | Tel. 1 530 5 83 10 39).*

ÜBERNACHTEN

LAKE TAHOE BASECAMP ☻

Stylishes und ökologisch bewusst renoviertes Motel nur einige Schritte vom See und zum Lift. *50 Zi. | 4143 Cedar Av. | Tel. 1 530 2 08 01 80 | South Lake Tahoe | www.basecamphotel.com | €–€€*

AUSKUNFT

LAKE TAHOE VISITORS AUTHORITY

Unterkünfte, Aktivitäten, gute Infos auch für Skiurlauber. *169 Hwy. 50 | Stateline | Tel. 1 775 5 88 59 00 | www.visitinglaketahoe.com*

SACRAMENTO

(133 D5) (*W C6–7*) **Zu Pionierzeiten war die Ranchsiedlung im Herzen des Central Valley das Sprungbrett in die Goldfelder. Sacramento wurde deshalb 1854 zur Hauptstadt Kaliforniens erklärt.** Heute ist die moderne Großstadt, die im Großraum 2,1 Mio. Einwohner zählt, mit ihrem historischen Kern das wirtschaftliche Zentrum eines riesigen Agrarbezirks. Bekannt wurde Sacramento in jüngster Zeit als Wohnsitz von Filmstar und Ex-Bodybuilder Arnold Schwarzenegger, der 2003–10 Gouverneur Kaliforniens war. Sein damaliger Amtssitz, das bereits 1860 begonnene *State Capitol* in einer Parkanlage im Stadtzentrum, ist mit seinen historischen Ausstellungen zur Besichtigung geöffnet. Werfen Sie einen Blick nach oben: Die Spitze der Kuppel wurde mit echtem Gold verschönert – damals hatte das heute so chronisch verschuldete Kalifornien noch reichlich Geld.

SEHENSWERTES

CALIFORNIA STATE RAILROAD MUSEUM ●

Eines der größten Eisenbahnmuseen Amerikas: mehr als 20 restaurierte Lokomotiven, dazu komplett eingerichtete Waggons samt Railway Post Office und Ausstellungen über die Erschließung des Westens. Im Sommer werden am Wochenende auch Dampflokfahrten angeboten. *Tgl. 10–17 Uhr | Eintritt 10 $ | 2nd Street/I Street | www.csrmf.org*

CROCKER ART MUSEUM

Der Besuch des ältesten Museums des Westens lohnt sich allein schon wegen seiner schönen alten Hallen. Neben europäischer, asiatischer und kalifornischer Kunst finden Sie hier auch Sehenswertes zum Thema Goldrausch. *Di–So 10–17, Do bis 21 Uhr | Eintritt 10 $ | 216 O Street*

OLD SACRAMENTO

Die kleine Altstadt am Ostufer des Sacramento River verströmt noch etwas vom Flair der Goldrauschtage. Nostalgische Läden, Museen, historische Lokale, das 1849 gegründete *Old Eagle Theater* und mehr als 100 restaurierte Bauten. *Zwischen Front und 2nd St.*

SUTTER'S FORT STATE HISTORIC PARK

Rekonstruiertes Fort mit faszinierender Geschichte: Der Schweizer Johann Sutter baute sich um 1840 die Siedlung „Neu Helvetia" auf. Sein Vorarbeiter Marshall entdeckte das erste Gold – und Sutter ging leer aus. Häufig finden historische Vorführungen statt. *Tgl. 10–17 Uhr | Eintritt 5 $ | 2701 L Street*

ESSEN & TRINKEN

33RD STREET BISTRO

Weltoffene Atmosphäre, hübsche Straßenterrasse, immer voll. Leichte Fusion Cuisine. *3301 Folsom Blvd. | Tel. 1916 4 55 22 33 | €–€€*

THE FIREHOUSE

Schönes Bistro in ehemaliger Feuerwache von 1853. Auch beliebt für Hochzeiten. *1112 2nd Street | Tel. 1916 4 42 47 72 | €€€*

ÜBERNACHTEN

CITIZEN HOTEL

Retrolook der *Golden Twenties* in schickem, neu renoviertem City-Hotel nahe dem Capitol. Gutes Restaurant. *198 Zi. | 926 J Street | Tel. 1916 4 47 27 00 | www.citizenhotel.com | €€*

INSIDER TIPP ▶ DELTA KING RIVERBOAT

Stilvoll schlafen auf einem restaurierten alten Raddampfer aus den 1920er-Jahren in Old Sacramento. Mit Lounge und Restaurant. *44 Zi. | 1000 Front Street | Tel. 1916 4 44 54 64 | www.deltaking.com | €€€*

AUSKUNFT

SACRAMENTO VISITORS BUREAU

1002 2nd Street | Tel. 1916 4 42 76 44 | www.discovergold.org

SAN LUIS OBISPO

(134 C4) (*C10*) **Auf halbem Weg zwischen San Francisco und L. A. gelegen bietet sich San Luis Obispo (44 000 Ew.) vor allem aufgrund der Attraktionen der Umgebung – die Küste mit dem Morro Rock, die Weinregion des Edna Valley und das prunkvolle Hearst Castle – für einen Zwischenstopp an.**

Im Herzen der Küstenstadt befindet sich die spanische *Mission San Luis Obispo de Tolosa,*, die Gründung eines spanischen Padre der Franziskaner aus dem Jahr 1772.

ESSEN & TRINKEN

OLD SAN LUIS BBQ

Klassisches amerikanisches BBQ nach Art der Südstaaten – also stundenlang im Räucherofen gegrillt. *670 Higuera Street | Tel. 1805 2 85 24 73 | €*

ÜBERNACHTEN

INSIDER TIPP ▶ MADONNA INN

Der Inbegriff des schrillen Kaliforniens: Jedes der 110 Zimmer ist anders gestaltet, eines z. B. ganz aus Stein, mit einem Wasserfall als Dusche und eines für Honeymooners. Ein Blick lohnt sich immer, auch ins Restaurant. *100 Madonna Road | San Luis Obispo | Tel. 1805 5 43 30 00 | www.madonnainn.com | €€–€€€*

AUSKUNFT

SAN LUIS OBISPO COUNTY VISITORS BUREAU

811 El Capitan Way | Suite 200 | San Luis Obispo | Tel. 1805 5 41 80 00 | www.sanluisobispocounty.com

ZIELE IN DER UMGEBUNG

INSIDER TIPP EDNA VALLEY
(134 C4–5) (*C10*)

Das Tal unmittelbar südlich von San Luis Obispo wurde in den letzten Jahren zum neuen Geheimtipp für Weinliebhaber. Über den Hwy. 227 erreichen Sie anspruchsvolle Güter wie die topmoderne *Tolosa Winery (4910 Edna*

1 Mio. Besucher jährlich verzeichnet dieses Schloss, das sich der Zeitungsbaron William Randolph Hearst mit vielen Anleihen bei europäischen Stilrichtungen bauen ließ. 3 Mio. Dollar und 30 Jahre Bauzeit (1917–47) kostete die Phantasiewelt den Verleger, dessen Leben Orson Welles zu dem Filmklassiker „Citizen Kane" inspirierte. Die 100 Räume im *Casa Grande*, die Pools und die vielen

San Luis Obispo: Im Hotel Madonna Inn gleicht kein Zimmer dem anderen

Road | Tel. 1805 782 05 00), wo Sie vom *tasting room* aus bei der Verarbeitung zusehen können. Weitere gute Kellereien sind *Edna Valley Vinyard (2585 Biddle Ranch Road | Tel. 1805 544 58 55)* oder *Baileyana Winery (5828 Orcutt Road | Tel. 1805 269 82 00),* die in einem alten Schulhaus mit Blick übers Tal und schönem Picknickplatz residiert.

HEARST CASTLE (134 C5) (*C9*)
Bei San Simeon, etwa 70 km nördlich von San Luis Obispo, sind schon von Weitem die vergoldeten Türmchen und roten Ziegeldächer des Hearst Castle zu sehen.

Gästehäuser, in die Hearst „ganz Hollywood" und berühmte Politiker einlud, geben einen Eindruck vom damaligen Luxusleben. *Führungen 25–36 $ (Reservierung im Sommer empfehlenswert) | Tel. 1800 444 44 45 | www.hearstcastle.org*

MONTANA DE ORO STATE PARK & MORRO ROCK (134 B4) (*C10*)
Rund 20 km nördlich von San Luis Obispo gelangen Sie von *La Canada de Los Osos* aus nach *Montana de Oro,* einem der schönsten State Parks von Kalifornien mit einsamen Sandstränden, zerklüfteten Klippen, Eukalyptuswäldern und

Wildblumenfeldern – ein Paradies für Wanderer, Schwimmer und Camper.

Nördlich von Los Osos liegt *Moro Rock*, ein gigantischer Vulkanfelsen, der den spanischen Entdeckern als Orientierung diente und heute ein Schutzgebiet für Falken ist. Auf der gegenüberliegenden Seite der Bucht, inmitten weißer Sanddünen, beschreibt der *Morro Bay State Park* mit dem *Museum of Natural History* die Geschichte dieser Landschaft.

SANTA BARBARA

(135 D6) (*D11*) ⭐ In Santa Barbara schlägt das Herz der kalifornischen Riviera: Yachthäfen, Palmenalleen, blühende Gärten und eine junge Szene dank der Universität am Nordrand der Stadt.

Santa Barbara (92 000 Ew.) wurde 1786 von Spaniern gegründet. Deren Einfluss auf Baustil und Flair zeigt sich bis heute. Die mit roten Gehwegsteinen markierte *Red Tile Tour* führt zu den Gebäuden aus der spanischen Epoche *(Start am County Courthouse, Anacapa Street).* Am Ende der State Street liegt direkt am Meer *Stearns Wharf* mit Shops und Restaurants. Jeden Sonntag findet im *Palm Park* die **INSIDER TIPP** *Santa Barbara Arts and Crafts Show* statt, bei der Künstler aus der Umgebung ihre Werke verkaufen.

SEHENSWERTES

MISSION SANTA BARBARA

Franziskanerpadres errichteten 1820 die wohl schönste Mission Kaliforniens mit einer von römischen Tempeln inspirierten Fassade. Vom Erdbeben 1925 verwüstet, wurde ihr Originalzustand wiederhergestellt. *Tgl. 9–16.30 Uhr | Eintritt 5 $ | Upper Laguna Street*

ESSEN & TRINKEN

CRUSHCAKES & CAFE

Der absolute Renner: *cupcakes* – süße Retro-Törtchen. Dazu im Café gutes Frühstück und Lunch. *1315 Anacapa Street | Tel. 1805 9 63 37 52 | €*

ENDLESS SUMMER 🌿

Gute Drinks zu frischem Fisch und Steaks vom Grill. Gratis dazu gibt's einen schönen Blick über den Yachthafen. *113 Harbor Way | Tel. 1805 5 64 12 00 | €–€€*

SEAGRASS 🌿

Vielleicht das feinste Lokal mit kalifornischer Küche an der Central Coast: Gekocht wird ökologisch, mit regionalen Produkten und mit viel Raffinesse. *30 E Ortega Street | Tel. 1805 9 63 10 12 | €€€*

EINKAUFEN

Mehr als 30 Shops und Galerien findet man im *El Paseo (Canyon Perdido Street | zwischen State und Anacapa Street),* in dem schon in den Tagen der spanischen Besatzer Handel getrieben wurde.

STRÄNDE

Westlich und östlich der Stadt erstrecken sich rund 50 km schönster Sandstrand, beliebt zum Surfen, Schwimmen, Tauchen und Segeln.

ÜBERNACHTEN

BRISAS DEL MAR

Altspanischer Stil, aber modern renoviert und relativ strandnah. *31 Zi. | 223 Castillo Street | Tel. 1805 9 66 22 19 | €€*

FOUR SEASONS BILTMORE

Ein altes Grandhotel, gut renoviert. Mit tropischem Garten, Tennisplätzen, Pools,

Putting-Green. *207 Zi. | 1260 Channel Drive | Tel. 1805 9692261 | www.fourseasons.com/santabarbara | €€€*

AUSKUNFT

SANTA BARBARA VISITORS CENTER
1 Garden Street | Tel. 1805 9653021 | www.santabarbara.com

Blvd. | Tel. 1805 9621127 | www.truthaquatics.com) und von Ventura aus *Island Packers (1691 Spinnaker Drive | Tel. 1805 6421393).*

SANTA YNEZ VALLEY (134 C5) (∅ D11)
Eine halbe Stunde Fahrt landeinwärts von Santa Barbara liegt um den Hwy. 154 die Landschaft, die durch den Film „Side-

Shops in spanischem Kolonialstil: der Paseo Nuevo in Santa Barbara

ZIELE IN DER UMGEBUNG

CHANNEL ISLANDS NATIONAL PARK
(134–135 C–D6) (∅ C–D11)
Fünf der unbesiedelten Inseln vor der Küste zwischen Santa Barbara und Ventura schützen Seelöwenkolonien, seltene Braunpelikane und viele andere einheimische Arten. Auch die Gewässer um die Inseln gehören zum Park und bewahren einzigartige unterseeische Kelpwälder aus Riesentang.
Bootstouren von Santa Barbara aus sowie spektakuläre ● Tauchtouren organisiert *Truth Aquatics (301 W Cabrillo*

ways" bekannt wurde: idyllische Weingärten, saftige Weiden und Pferdegestüte. Witzig ist am Nordende des Tals *Solvang,* eine dänische Folkloresiedlung mit Fachwerkhäusern. Gut zur Weinkostung: *Firestone Vineyard (5000 Zaca Station Road)* oder die rein ökologisch prodizierende 😊 *Sunstone Winery (125 N Refugio Road | Santa Ynez).* Super-Steaks serviert in Buellton das **INSIDER TIPP** *AJ Spurs (350 E Hwy. 246 | Tel. 1805 6861655 | €€).* Übernachtungstipp: die *Solvang Gardens Lodge (24 Zi. | 293 Alisal Road | Solvang | Tel. 1888 6884404 | www.solvanggardens.com | €€).*

Bis zu 90 m hohe Sequoias gaben dem nicht so überlaufenen Nationalpark seinen Namen

SEQUOIA/ KINGS CANYON

(135 D–E 2–3) (🗺 E8–9) ⭐ Die beide zusammenhängenden Nationalparks Sequoia und Kings Canyon sind weniger touristisch als der Yosemite National Park, bestechen aber durch den Mount Whitney, mit 4418 m höchster Berg der Lower 48, sowie den größten Bäumen der Welt, den turmhohen *sequoias*.

SEHENSWERTES

MAMMUTBÄUME

Der größte, der *General Sherman Tree* im *Giant Forest,* ist 2500 Jahre alt, besitzt einen Umfang von 34 m und erreicht 90 m Höhe, die Höhe eines 27-stöckigen Gebäudes. Der *General Grant Tree* im *Grant Grove* ist 88 m hoch und hat einen Umfang von 35 m. Eindrucksvoller als jeder einzelne Baum sind die vielen weiteren Mammutbäume, die zu beiden Seiten des *Generals' Highway* und der von hier ausgehenden Wandertrails stehen.

ÜBERNACHTEN

SEQUOIA-KINGS CANYON SERVICES COMPANY

Alle fünf Lodges im Park können Sie reservieren unter: *Tel. 1559 3 35 55 00 | www.sequoia-kingscanyon.com*

WUKSACHI LODGE 🌀

Das neueste, für seine ökologische Bauweise preisgekrönte Hotel im Park. Dazu betreibt die Lodge ein komfortables Zeltlager, *Bearpaw Camp,* für Wanderer rund 15 km im Hinterland der Berge. *102 Zi. | 64740 Wuksachi Way | Tel. 1866 8 07 35 98 | www.visitsequoia.com | €€*

AUSKUNFT

GRANT GROVE VISITOR CENTER

Startpunkt für Wanderungen, z. B. 3 km entlang dem *Big Stump Trail,* der die frühere Abholzung der Mammutbäume dokumentiert. *Grant Grove | Tel. 1559 5 65 43 07 | www.nps.gov/seki*

YOSEMITE NATIONAL PARK

(134–135 C–D1) (🗺 D7–8) ⭐ Mit fast 4 Mio. Besuchern pro Jahr gehört der Yosemite National Park zu den beliebtesten Attraktionen von Amerika.

Der Park liegt im hochalpinen Herzen der Sierra Nevada und schützt auf 3000 km^2 Fläche mehrere Ökozonen, die von den waldreichen Ausläufern der Sierra bis zu schneebedeckten Gipfeln reichen. 80 Säugetierarten, darunter Schwarzbär und Berglöwe, sowie über 250 verschiedene Vogelarten leben hier.

1890 auf Betreiben des legendären Naturschützers John Muir (1838–1914) vom Kongress eingerichtet, um die in diesem Abschnitt einzigartige Bergwelt vor der Abholzung zu bewahren, durchziehen den Park heute über 420 km Straßen und ein dreimal so langes Wanderwegenetz. Wie so mancher berühmte Park schwebt auch der Yosemite National Park in Gefahr, durch seine Besucherströme zerstört zu werden. Noch vor einigen Jahrzehnten gehörten Verkehrsstaus und zertrampelte Wiesen zum Alltag im Park. Seither steuern die Ranger gegen: Touristen werden jetzt angehalten, ihren Wagen stehen zu lassen und auf die bereitgestellten Shuttlebusse umzusteigen. Zudem ist eine große Anzahl der empfindlichen Hochwiesen bis auf Weiteres für Besucher gesperrt.

SEHENSWERTES

INSIDER TIPP▶ GLACIER POINT ☀

Von der fast 1000 m über der Talsohle liegenden Felskuppe gleitet der Blick über Bergkuppen, Wasserfälle und das menschenleere Backcountry der High Sierra. Später rücken die Sternegucker an: Der Nachthimmel über dem Glacier Point ist ein Fest für die Augen! *Nur Juni–Okt. | Stichstraße vom Hwy. 41 aus*

MARIPOSA GROVE

Im Südzipfel des Parks entgingen rund 500 Sequoias den Sägen der Holzfäller. 80 m hoch und bis zu 3000 Jahre alt, verwandeln sie den Hain in eine halbdunkle Kathedrale. *Touren mit offe-*

BIG BAD BODIE

● Bodie liegt so, wie es sich für eine anständige Geisterstadt gehört: am Ende einer staubigen Piste, die vom Hwy. 395 aus in die trockenen, menschenleeren Foothills an der Ostflanke der Sierra Nevada abbiegt. Noch ein, zwei Kurven um riesige, braun-graue Geröllhalden, dann liegt der Ort plötzlich da. 150 Häuser sind mehr oder weniger gutem Zustand erhalten geblieben, so wie sie verlassen wurden, sogar das schmutzige Geschirr steht noch auf dem Tisch. 1859 stieß William Bodey hier auf Silber. Die Glücksritter folgten, und 20 Jahre später lebten hier 10 000 Menschen, die in 30 Minen schufteten. Zwar wurde keiner richtig reich, dafür gab es drei Brauereien und 65 Saloons, von denen die meisten auch als Freudenhäuser dienten. Um 1880 waren die Silberadern erschöpft, nach mehreren Großbränden wurde die Stadt 1942 geschlossen.

nen Bussen (keine Reservierung möglich) tgl. 9–17 Uhr | Tourgebühr 26,50 $ | www.yosemitepark.com

TIOGA PASS ●

Nördlich des Yosemite Valley windet sich der Hwy. 120 hinauf in die *High Sierra*. Dies ist das Land der smaragdgrünen Seen, Felsendome und Hochwiesen. Die schönste, *Tuolumne Meadows*, ist Ausgangspunkt herrlicher *hikes* ins Backcountry. Achtung: Die Trails nördlich des Hwy. 120 sind seit dem großen Waldbrand 2013 nur begrenzt begehbar. Auf dem 3031 m hohen *Tioga Pass* verlässt man den Park durch seinen Osteingang. *Nur Juni–Okt. geöffnet*

YOSEMITE VALLEY

Dieses 11 km lange Tal am Merced River ist das Herz des Parks. Es lockt 95 Prozent der Besucher an und ist, auch dank Hotels, Restaurants und Campingplätzen, im Sommer chronisch überfüllt. Der Hwy. 140 führt durch die *Arch Rock Entrance Station* ins 20 Minuten entfernte Tal. Dort öffnet sich ein unvergessliches Panorama: Von Gletschern zu einem gewaltigen U ausgehöhlt, ragen glatte Granitwände bis zu 1000 m über dem Tal empor. Ringsum Wasserfälle, Wildblumenwiesen und Kiefernwälder.

Kurze Trails führen zu den Attraktionen. Die 190 m hohen *Bridal Veil Falls* und die 739 m hohen *Yosemite Falls* sind beliebte Fotomotive. Unübersehbar und ein Mekka für Climber: *El Capitán,* ein monumentaler, 1077 m hoher Block aus Granit.

Das Ostende des Tals markiert der *Half Dome*. Der bis zu 3000 m hohe, nackte Monolith ist das Symbol des Parks und auf dem *John Muir Trail* (27 km) auf einer anstrengenden Tageswanderung zu besteigen. Alle Attraktionen auf einen Blick genießen Sie vom *Wawona Tunnel View Point* aus am Hwy. 41.

ESSEN & TRINKEN

AHWAHNEE HOTEL

Wie ein Kastell steht das aus Granit und Pinienstämmen erbaute Blockhaus eines Silberminenkönigs in der spektakulären Landschaft. Besonders zu empfehlen: Steak, Lamm und Forellen. *Yosemite Village | Tel. 1209 3 72 14 89 |* €€

IRON DOOR SALOON

Der älteste Saloon Kaliforniens. Jedes Weekend Livemusik. *18761 Main Street | Groveland | Tel. 1209 9 62 89 04 |* €

INSIDER TIPP YOSEMITE BUG CAFÉ

Gemütliches Bistro mit Ökoanspruch am Westeingang des Parks. Beliebt bei Hikern und Kletterern zum leckeren Frühstück vor oder herzhaftem Steakdinner nach dem Parkbesuch. Angeschlossen ist ein gutes Hostel, das auch Doppelzimmer und rustikale Zelte bietet. *6979 Highway 140 | Midpines | Tel. 1209 9 66 66 66 | www.yosemitebug.com |* €–€€

ÜBERNACHTEN

Im Park liegen neben dem historischen *Ahwahnee Hotel,* die einfachere *Yosemite Lodge* und *Curry Village* (Festzelte). Lange vorab reservieren! Zentrale Buchungsstelle: *DNC Parks & Resorts (Tel. 1866 4 86-93 10 | www.yosemitepark.com)*.

HOTEL CHARLOTTE

Gepflegte Zimmer in einer rustikalen alten Goldgräberherberge. Auch Ferienapartments. *10 Zi. | 18736 Main Street | Groveland | Tel. 1209 9 62 64 55 | www.hotelcharlotte.com |* €€

AUSKUNFT

Visitor Centers finden Sie im *Yosemite Valley* und bei den *Tuolumne Mea-*

dows nahe dem Osteingang. *Tel. 1209 3 72 02 00 | www.nps.gov/yose, www. yosemite.com*

ZIELE IN DER UMGEBUNG

BODIE ● (133 F6) *(♒ E7)*

Dank der abgeschiedenen Lage am Osthang der Sierra Nevada, rund zwei Stunden Fahrt vom Tioga Pass im Yosemite, verkörpert Bodie das fotogene Idealbild einer Geisterstadt. Niemand lebt mehr hier, und seit 50 Jahren darf in dem jetzt als *Bodie State Historic Park (Anfahrt über US 395 und SR 270)* geschützten Städtchen nichts mehr verändert werden – ein Traum für Hobbyfotografen. Im Park gibt es keinerlei Unterkünfte, doch wenn Sie nach dem Besuch stilvoll in Goldgräberambiente nächtigen wollen, empfiehlt sich der *Bridgeport Inn (8 Zi. | Main Street | Bridgeport | Tel. 1 760 9 32 73 80 | www.thebridgeportinn.com | €),* in dem einst schon Mark Twain schlief, mit Restaurant, Pub und einer großen Portion Pioniernostalgie.

MAMMOTH (135 D1) *(♒ E7)*

Das moderne Urlaubsstädtchen (7000 Ew.) rund eine Fahrstunde östlich des Parks ist vor allem für seine perfekten Skipisten am *Mammoth Mountain* bekannt. Und im Sommer sind hier am trockenen, sonnigen Osthang der Sierra Nevada Wandern und Mountainbiking beliebt. Sehenswert: die massigen Basaltsäulen des *Devils Postpile National Monument* am Ortsrand.

MONO LAKE (133 F6) *(♒ E7)*

Mit gut 20 km Durchmesser ist der mindestens 760 000 Jahre alte See unmittelbar östlich des Yosemite Kaliforniens größter Salzsee. Sein Ökosystem ernährt Millionen Zugvögel, doch durch Wasserableitung für das ferne Los Angeles ist

Yosemite: spektakuläre Natur inklusive Wasserfälle

der See seit Jahrzehnten bedroht. Der Kampf der Naturschützer hiergegen und die bizarren Tuffsteinsäulen (am besten am Südufer zu sehen) haben den See zu einer Ikone des Umweltschutzes gemacht. Derzeit steigt der Wasserspiegel wieder an. Das Infozentrum des *Mono Lake Committee (www.monolake.org)* an der Hauptstraße in *Lee Vining* dokumentiert den Kampf um den Erhalt des Sees.

LOS ANGELES

KARTE AUF SEITE 138/139

Wer zum ersten Mal nach Los Angeles (136 B4–5) *(⌖ E11)* **kommt, ist verwirrt. Wohngebiete wie Beverly Hills sind hier selbstständige Städte, lebhafte Zentren wie Westwood jedoch nur unbedeutende Stadtteile.**

L. A. ist eben keine Metropole im herkömmlichen Sinn, sondern eine Mega-City, ein bunter Flickenteppich aus Bezirken und Einzelstädten mit gut 18 Mio. Einwohnern auf rund 12 000 km² Fläche. Jedoch verfügt dieser vitale Gegenpol zu New York, mittlerweile auch dank fabelhafter Museen das Kulturzentrum der Westküste, durchaus über Kristallisationspunkte. Die wohlhabenden Orte entlang der 65 km langen Küste wie *Malibu*, *Pacific Palisades*, *Santa Monica*, *Venice Beach* und *Marina del Rey* z. B. gehören dazu. Aber auch die aus Angst vor Erdbeben erst sehr spät mit Wolkenkratzern bebaute *Downtown,* die einen Bauboom spektakulärer Architektur wie der *Disney Hall* erlebt. Oder die palmenbekränzten Villenviertel der Stars in *Beverly Hills* und den Hügeln von *Hollywood*. Nicht zu vergessen die Slums in *East* und *South Central Los Angeles* mit Rassenunruhen und den Kriegen schießwütiger Jugendgangs.

Kristallisationspunkte sind auch die *freeways,* acht- bis zehnspurige Autobahnen, auf denen der Angeleno durchschnittlich vier Stunden des Tages im Stau verbringt. Der berüchtigte Smog ist in den letzten Jahren deutlich besser geworden, doch an heißen Tagen ohne Wind vom Meer

Ganz entspannt im Stau: L. A. ist eine wuchernde Metropole mit ungebrochener Anziehungskraft

CITY
WOHIN ZUERST?

Das beste L.-A.-Feeling haben Sie bei einem Bummel über die Promenade von **Santa Monica (138 A4)** *(E11)*, das offiziell gar nicht zu L. A. gehört *(Parkhaus: Broadway/4th Street)*. In der Nähe liegt der Palisades Park auf den Klippen über dem Pazifik. Per Rad, Auto oder Bus (blaue Linie 1, 2) geht's weiter nach Venice an den verrücktesten Strand von L. A.

schwebt noch immer eine ungesunde Dunstglocke über der gesamten Fläche des Beckens namens Los Angeles. Hier können Sie jedoch auf ein Auto nicht immer verzichten. Dazu sind die Entfernungen zu groß. Wichtig: gründlich die Karte studieren, bevor Sie losfahren, und die Stauzeiten meiden.

Einen interessanten Querschnitt durch die Stadt bietet die Fahrt auf dem *Sunset Boulevard*. Von *Chinatown* und den ärmeren Vierteln um die *Downtown* führt die berühmte Straße westwärts. Zuerst

Jean Paul Getty sammelte rund 50 000 Kunstwerke – die meisten zu sehen im Getty Center

kommen die alte Filmkapitale *Hollywood* und das junge, flippige *West Hollywood,* dann folgen das mondäne *Beverly Hills* und schließlich *Bel Air,* das Villenviertel der Superreichen, ehe die Straße am Pazifik endet, wo sich in *Malibu* zahlreich die Filmstars angesiedelt haben.

Ausführlicher über die Stadt informiert Sie der MARCO POLO „Los Angeles".

SEHENSWERTES

AUTRY NATIONAL CENTER – MUSEUM OF THE AMERICAN WEST
(139 D1) (* by E11*)

Wildwestkunst und Sammelobjekte wie Buffalo Bills Sattel. Auf Videoeinwänden werden alte Western gezeigt. *Di–Fr 10– 16, Sa/So 10–17 Uhr | Eintritt 10 $ | Griffith Park I-5/Fwy. 134 | theautry.org*

BEVERLY HILLS (138 B–C3) (*by E11*)

Wo so viele Reiche und Berühmte leben – ob Diana Ross, Jack Nicholson, George Clooney, Tom Cruise, Warren Beatty oder Jay Leno –, sind Stadtpläne mit deren Adressen *(star maps)* ein Hit. Die Faltblätter werden von fliegenden Händlern entlang des Sunset Boulevard angeboten. Fahren Sie die interessantesten Adressen ab (zu Fuß gehen entlarvt Sie als Touristen). Zu „entdecken" sind Gartenmauern, Gärtner und gepflegte Hecken sowie die patrouillierende Polizei von Beverly Hills. Am und um den Rodeo Drive liegt zwischen Bedford und Rexford Drive, Santa Monica und Wilshire Boulevard das ★ *Goldene Dreieck*. Hier finden Sie die teuersten Geschäfte der Welt und an die 130 Restaurants, in denen Sie stilvoll pausieren können. Dazu stehen hier berühmte Hotels wie das *Regent Beverly Wilshire (9500 Wilshire Blvd.),* wo Richard Gere mit seiner „Pretty Woman" das Filmglück fand.

DOWNTOWN (139 E3–4) (*by E11*)

Das Stadtzentrum liegt südlich der Kreuzung zweier Hauptverkehrsadern, dem Hollywood und dem Harbor Freeway. Es ist die einzige Ansammlung an Wolkenkratzern in der weiten Ebene. Einfach und schnell können Sie sich in dem 2 km² großen Areal mit dem Kleinbusservice *Dash*

Die *City Hall (200 N Spring Street)* war bis 1960 das höchste Gebäude der Stadt. Der **INSIDER TIPP** *Grand Central Market (317 S Broadway)* ist mit seiner vorwiegend Spanisch sprechenden Kundschaft der lebhafteste Markt der Stadt. Das ehrwürdige *Biltmore Hotel (506 S Grand Av.)* lädt zu einem Tee in der altspanisch gestylten Lobby ein – hier können Sie noch den Glanz vergangener Zeiten erahnen.

GETTY CENTER ★ ● ☼
(138 A3) (*ϱ E11*)

Das reichste Museum der Welt, mit einem Stiftungskapital von 2 Mrd. Dollar, residiert in einem ultramodernen Komplex des New Yorker Architekten Richard Meier hoch über Brentwood. Allein die großartige Aussicht über die schier unendliche Stadtlandschaft von L. A. lohnt den Besuch, aber auch die Sammlungen des Ölmagnaten Jean Paul Getty: moderne Fotografie ebenso wie selte-

bewegen *(50 Cent)*. Die F-Route des *Dash* führt zum Staples Center, einem Sport- und Entertainmentkomplex am Südende der Downtown, in dem auch die Grammys verliehen werden. Zwei Blocks weiter nördlich stehen die fünf kupferfarbenen Türme des *Bonaventure Hotel (404 S Figueroa Street),* ein Klassiker, berühmt aus vielen Filmen. Die ☼ Bar im 35. Stock dreht sich innerhalb einer Stunde einmal um die eigene Achse und ist ein großartiger Aussichtspunkt.

Neben Banken und Bürotürmen ist Downtown vor allem ein Kulturzentrum. Unbedingt einen Blick verdient am Hügel des *Music Center,* direkt neben der *Oper*, die 2003 von Frank Gehry in dessen typischen fließenden Formen errichteten **INSIDER TIPP** *Walt Disney Concert Hall (111 S Grand Av./1st Street).*

Union Station (800 N Alameda Street), der Bahnhof von Los Angeles, lohnt einen Abstecher wegen der Gestaltung seiner Wartehalle im maurischen Stil – eine häufig gesehene Kulisse in Hollywoodfilmen. Von hier aus fährt der *Dash* nach Oakland und San Francisco.

★ **Goldenes Dreieck**
Luxusshops und feine Restaurants um den Rodeo Drive
→ S. 76

★ **Getty Center**
Großer Kunstgenuss in ultramoderner Architektur → S. 77

★ **TCL Chinese Theatre**
Stars und Sternchen auf dem Hollywood Boulevard → S. 78

★ **Universal Studios Hollywood**
Rundfahrt durch die Kulissen der Kinowelt → S. 80

★ **Venice Beach**
Buntes Epizentrum der kalifornischen Strandkultur → S. 80

MARCO POLO HIGHLIGHTS

ne Illuminati-Manuskripte und alle wichtigen Schulen europäischer Malerei mit Werken von Rembrandt, Renoir und van Gogh. *Di–So 10–17.30, Sa bis 21 Uhr | Eintritt frei, Parkgebühr 15 $ | 1200 Getty Center Drive | Anfahrt über I-405*
Die große Antikensammlung des Museums ist in der berühmten *Getty Villa (Mi–Mo 10–17 Uhr | Eintritt frei (Online-Ticketvorbestellung notwendig), Parkgebühr 15 $ | 17985 Pacific Coast Highway)* am Meer untergebracht. *www.getty.edu*

GRAMMY MUSEUM (139 E3) (*M* E11)
Die neueste Attraktion für Musikfans in der City: vier Stockwerke interaktive Ausstellungen über die Gewinner der Grammys und viel Musik zum Reinhören. *Tgl. 11.30–19.30, Sa/So ab 10 Uhr | Eintritt 13 $ | 800 W Olympic Blvd. | www.grammymuseum.org*

HOLLYWOOD BOULEVARD
(138 C2) (*M* E11)
Was von den Glanztagen der alten Studios noch übrig geblieben ist, finden Sie auf dem Hollywood Boulevard zwischen Vine Street und La Brea Avenue, wo – fast verdeckt von den Souvenir- und T-Shirt-Läden – das ★ *TCL Chinese Theatre (6925 Hollywood Blvd.)* steht. Der Innenhof des drachengeschmückten, pagodenartigen Kinos ist der Ort, an dem 1927 Mary Pickford und Douglas Fairbanks als Erste mit der Tradition begannen, die Abdrücke ihrer Hände und Füße im frischen Zement zu hinterlassen. Heute findet man über 200 *Hollywoodgrößen* im Pflaster verewigt. Abends steigt im TCL noch manche prestigeträchtige Filmpremiere mit vielen Stars und Paparazzi. Weitere Prachtkinos aus den Glanztagen Hollywoods warten gegenüber: so das *El Capitan Theatre* oder das *Egyptian Theatre,* in dem einst „Ben Hur" und „My Fair Lady" Premiere feierten.

Die meisten Filmberühmtheiten sind jedoch jedes Jahr zur Oscarverleihung nebenan im *Dolby Theater (6801 Hollywood Blvd./Highland Av.)* zu erleben, einem schicken Entertainmentkomplex mit Läden und Restaurants. Ringsum befindet sich auf den Bürgersteigen des Hollywood Boulevard der *Walk of Fame,* rosafarbene Marmorsterne mit den Namen von Prominenten aus dem Showbusiness. Über 2500 Sterne wurden seit 1960 ins Pflaster eingelassen – inzwischen zum Preis von je 10 000 Dollar. Das Geld muss jeder Star als Preis für seinen Ruhm selbst aufbringen. Von den ✲ Terrassen im hinteren Teil des *Hollywood & Highland Center* ist auch das berühmte, in riesigen weißen Lettern gestaltete *Hollywood-Schild* in den Bergen über der Stadt zu sehen.

INSIDER TIPP ▶ THE HOLLYWOOD MUSEUM ● (138 C2) (*M* E11)
Auf vier Stockwerken erzählt das Museum mit alten Postern, Originalkostümen und Kulissensets die Geschichte der Filmindustrie. Besonders schön: die Schminkräume des legendären Visagisten Max Factor, dem das Gebäude früher gehörte. *Mi–So 10–17 Uhr | Eintritt 15 $ | 1660 N Highland Av. | Hollywood | www.thehollywoodmuseum.com*

HUNTINGTON LIBRARY, ART COLLECTIONS & BOTANICAL GARDENS
(136 B4) (*M* E12)
Auch hier finden Sie L.-A.-Superlativen: Die Bibliothek enthält sechs Mio. Bücher und Schriften, darunter eine Gutenbergbibel. Und der 2 km² große botanische Garten bietet eine der INSIDER TIPP größten Kakteenpflanzungen der Welt sowie einen chinesischen Garten. Zudem gibt's britische Kunst des 18. und 19. Jhs. in der *Art Gallery. Mi–Mo 12–16.30, Sa/So ab 10.30 Uhr | Eintritt 20 $, an Wochen-*

enden 23 $ | 1151 Oxford Road | San Marino | www.huntington.org

LOS ANGELES COUNTY MUSEUM OF ART (LACMA) (138 C3) (*ⅠⅠ E11*)

Das größte Museum in Los Angeles besitzt in seinem über 100 000 Werke umfassenden Fundus europäische und amerikanische Kunst, aber auch hervorragende koreanische und japanische Werke. Neuester Teil ist das 150 Mio. Dollar teure, von Renzo Piano gestaltete *Broad Museum of Contemporary Art* mit Werken von Jasper Johns, David Hockney und Roy Lichtenstein. *Do und Mo/Di 11–17, Fr 11–20, Sa/So 10–19 | Eintritt 15 $ | 5905 Wilshire Blvd. | www.lacma.org*

lationen, finden Sie unweit im zugehörigen *Geffen Contemporary (152 N Central Av.)*. *Do–Mo 11–17, Do bis 20, Sa/So bis 18 Uhr | Eintritt 12 $ | 250 S Grand Av. | www.moca.org*

SANTA MONICA (138 A4) (*ⅠⅠ E11*)

Der Strandvorort von L. A. hat sich zu einem Zentrum der kreativen Avantgarde entwickelt. An der *Main Street* drängen sich Galerien und neue Restaurants. Und die Fußgängerzone *Third Street Promenade* ist am Nachmittag und Abend eine der beliebtesten Flaniermeilen in ganz Los Angeles.

Nur einige Schritte weiter zieht sich der schön begrünte ☀ *Palisades Park* ent-

Der berühmte Sunset Boulevard führt durch Hollywood und Beverly Hills bis nach Santa Monica

MUSEUM OF CONTEMPORARY ART (MOCA) (139 E3) (*ⅠⅠ E11*)

Ein aufsehenerregender Bau von Arato Isozaki. Drinnen warten Pop-Art und wechselnde Shows. Weitere Avantgardekunst, vor allem große Werke und Instal-

lang der Ocean Avenue hin. Umrahmt von Palmen und Agavenblüten spazieren Sie hier auf den Klippen über dem Strand mit Blick auf den Pazifik und die Santa Monica Mountains. Auf dem *Santa Monica Pier* am Ende der Colorado Ave-

Erlebniswelt Universal-Studios

chigan Av. | www.smmoa.org, www.bergamotstation.com

UNIVERSAL STUDIOS HOLLYWOOD ★
(138 C1–2) (*M E11*)

Einen Blick hinter die Kulissen bietet die geführte Rundfahrt durch die Filmstudios, in dem Serien wie „Columbo" und Filme wie „Terminator", „Fluch der Karibik" oder „Indiana Jones" entstanden. Dazu gibt es Achterbahnen, Stuntshows, Filmattraktionen wie *Transformers* oder *The Simpsons* und einen eigenen Nightlifebezirk, den *Universal City Walk*.

Echte Highlights sind die Stuntshow *Waterworld* und die *Movie Studio Tour*. Dabei wird auf einer knapp einstündigen Tramfahrt vom historischen Hitchcock-Psycho-Motel bis zu den neuesten Filmkulissen die Geschichte der Filmstudios samt Attraktionen wie *King Kong* in 360-Grad 3D actionreich präsentiert. Entsprechend groß ist der Andrang, planen Sie deshalb die Studiotour gleich für den Anfang Ihres Besuchs ein. *Tgl. 10–18, im Sommer 9–20 Uhr | Eintritt 84 $ | Freeway 101/3900 Lankershim Blvd. | www.universalstudioshollywood.com*

VENICE BEACH ★ ● (138 A5) (*M E11*)

Am Wochenende erwacht der *Boardwalk,* die etwas vergammelte Promenade, die für das kalifornische Fitnessbewusstsein steht, zu neuem Leben. Noch immer treffen sich in Venice Beach Muskelmänner zum Bodybuildingtraining, während auf dem Boardwalk bikinibekleidete Rollerbladerinnen und wohlgebräunte Fahrradfahrer ihre Körper und Künste zur Schau stellen. Cafés, Bike- und Blademieter und Souvenirstände drängen sich am Fuß der *Windward Avenue,* wo auch in einem Bikepark die Rollerblade-Künstler auftreten.

Witzige Restaurants, Gallerien und Trendläden können Sie bei einem Bummel ent-

nue gibt es jede Menge T-Shirts, Souvenirs und ein Karussell für die Kleinsten.

SANTA MONICA MUSEUM OF ART
(138 A4) (*M E11*)

Zu sehen sind Avantgardekunst sowie Möbel und Objekte zeitgenössischer kalifornischer Künstler. Das Museum ist in das **INSIDER TIPP** *Bergamot Station Arts Center* umgezogen, in dem sich auch zwei Dutzend Galerien (darunter die von *Craig Krull*, die auf moderne Malerei spezialisierte *Skidmore Contemporary Gallery*, die *Robert Berman Gallery,* die oft Fotografie und Videos zeigt, und das *Gallery Café* befinden. *Di–Sa 11–18 Uhr | Eintritt 5 $ | Bergamot Station | 2525 Mi-*

lang des `INSIDER TIPP` *Abbot Kinney Boulevard* nur ein paar Straßen weiter im Binnenland entdecken.

TOUREN

`INSIDER TIPP` **L. A. CONSERVANCY**

Die Dozenten dieses Architekturvereins führen jeden Samstag durchs historische Zentrum, zu den großartigen alten Kinopalästen am Broadway und den modernen Designbauten der Downtown. Englischkenntnisse nötig. Unterschiedliche Startpunkte. *Preis 10 $ | Tel. 1213 6 23 24 89 | www.laconservancy.org*

STARLINE TOURS

Halb- und ganztägige Touren durch Hollywood und zu den Star-Villen von Beverly Hills und Malibu. Hotelabholung. *Tel. 1323 4 63 33 33 | www.starlinetours.com*

ESSEN & TRINKEN

BORDER GRILL (138 A4) (*ⒹⒹ E11*)

Ein lebhaftes mexikanisches Restaurant. Farbenfrohe Wandmalereien und feurig-mexikanische Küche. Außerdem ist die Bar ein sehr beliebter In-Treff mit guten Margaritas. *1445 4th Street | Broadway | Santa Monica | Tel. 1 310 4 51 16 55 | €–€€*

CAFÉ DEL REY ⤸ (138 B5) (*ⒹⒹ E11*)

Bekömmliche, leichte California Cuisine mit Mittelmeerakzenten. Viel frischer Fisch und Gratisblick auf den Yachthafen. Single-Treffpunkt mit starken Drinks. *4451 Admiralty Way | Marina Del Rey | Tel. 1 310 8 23 63 95 | €€€*

GEOFFREY'S/MALIBU ⤸ (136 A4) (*ⒹⒹ E11*)

Beliebtes Ausflugsziel zum Brunch oder Lunch auf einem Kliff an der Pazifikküste. *27400 Pacific Coast Highway | nördl. von Malibu Canyon | Tel. 1 310 4 57 15 19 | €€*

HAMA SUSHI (138 A5) (*ⒹⒹ E11*)

Ein legeres Japan-Lokal mit Zeltdach, sehr kreativem Sushi und viel Surf-Flair. *213 Windward Blvd. | Venice Beach | Tel. 1 310 3 96 87 83 | €€*

LALA'S GRILL (138 C3) (*ⒹⒹ E11*)

Junge Szene und viel Energie und Sangria, dazu argentinische Steaks und andere südamerikanische Leckereien. Schön auf der Terrasse. *7229 Melrose Av. | Hollywood | Tel. 1 323 9 34 68 38 | €€–€€€*

M STREET KITCHEN (138 A4) (*ⒹⒹ E11*)

Witziges, junges Trendlokal mit exzellenter Küche: mexikanische Fisch-Tacos

KULISSENSTADT L. A.

Beschleicht Sie hier manchmal das seltsame Gefühl: Das kenne ich doch? Kein Wunder, denn die Hollywood-produzenten finden die besten Drehorte direkt vor ihrer Haustür – gutes Wetter inklusive. Die Strände von Santa Monica, die Straßen von Westwood und Beverly Hills – alle waren sie schon Kulissen für Krimis, Soaps und Kultklassiker. Im Regent Beverly Wilshire Hotel verliebte sich Richard Gere in Julia Roberts *(Pretty Woman)*, Brat Pitt wandelte mit Angelina Jolie als *Mr. and Mrs. Smith* durch Downtown, und über den Turm der City Hall flog *Superman.* Augen auf also, wenn Sie irgendwo große LKW, Anhänger und Scheinwerfer sehen: Hier wird gefilmt!

und hausgemachte Guacamole, amerikanische Burger, japanisches Sushi und *fried chicken* aus den Südstaaten. *2000 Main Street | Santa Monica | Tel. 1310 3 96 91 45 | mstreetkitchen.com | €€*

INSIDER TIPP **MEL'S DRIVE-IN** (138 C2) (*Ⓜ E11*)
Ein Coffeeshop wie aus dem Film – besucht auch von vielen Stars. Zur Einstimmung gibt's eine Website: *www.melsdrive-in.com. 8585 Sunset Blvd. | West Hollywood | €*

OMELETTE PARLOR (138 A4) (*Ⓜ E11*)
Mitten im Szeneviertel von Venice: kunterbuntes Diner-Dekor, prima Frühstück und Lunch. *2732 Main Street | Santa Monica | Tel. 1310 3 99 78 92 | €*

PINKBERRY (138 A4) (*Ⓜ E11*)
Alles Neue kommt aus L. A.: diesmal eine coole Kette mit Joghurteis. Leckere Geschmacksrichtungen wie Mango, grüner Tee oder Granatapfel. *1456 3rd Street | Santa Monica | €*

PINK'S HOT DOGS (138 C3) (*Ⓜ E11*)
Die besten Hot Dogs Amerikas! Und das bis 2 Uhr nachts. Perfekt, um in der Schlange Leute kennen zu lernen. *709 N La Brea | Hollywood | €*

REPUBLIQUE (138 C3) (*Ⓜ E11*)
Charlie Chaplins ehemaliges Filmstudio wurde zu einem Innenhof mit Balkonen umgewandelt. Statt zum Drehen treffen sich nun die Stars hier zum Schlemmen. *624 S La Brea Av./Wilshire Blvd. | Tel. 1323 9 38 14 47 | €€€*

INSIDER TIPP **URTH CAFFÉ** ☺ (138 A4) (*Ⓜ E11*)
Gemütliches Kaffeehaus mit Biokaffee und guten Desserts. *2323 Main Street | Santa Monica | Tel. 1310 3 14 70 40 | €*

LOW BUDG€T

▶ L. A. ist zwar nicht für öffentliche Verkehrsmittel bekannt. Aber Sie werden verblüfft sein, wo der *Metro Day Pass (6 $, Woche 20 $ | www.metro.net)* sie überall hinbringt.

▶ ● Wollten Sie immer mal ins Fernsehen? In L. A. kein Problem – jedoch nur als Teil des Publikums bei Fernsehshows wie „Tonight Show" oder „Jeopardy". Gratistickets: *www.tvtix.com* oder *www.tvtickets.com*

▶ Nachlass auf Eintritte, Touren und Restaurants gibt es auf der Website des Visitour Bureau *(www.discoverlosangeles.com)* unter *deals*.

EINKAUFEN

Überall in L. A. gibt es große Shopping-Malls , die teils richtige Einkaufspaläste sind, so das *Beverly Center* (138 C3) (*Ⓜ E11*) *(8500 Beverly Blvd.)* mit schicken US-Markenläden und Restaurants wie dem *Hard Rock Café* mit einem knallgrünen Cadillac auf dem Dach. Entlang der Stadtstraßen finden Sie gute Einkaufsmöglichkeiten am *Sunset Strip* (138 C2) (*Ⓜ E11*), und zwar am 8600er-Block des Sunset Blvd., an der auch bei Schauspielern beliebten *Montana Avenue (Nr. 900–1400)* und an der *Main Street* (138 A4) (*Ⓜ E11*) in Santa Monica.

L. A. FARMER'S MARKET (138 C3) (*Ⓜ E11*)
Marktstände mit großer Lebensmittelauswahl; im angeschlossenen Shoppingcenter *The Grove* auch Designerkla-

motten. Dazu finden Sie Restaurants und Imbisse, in denen sich oft auch die Stars des benachbarten Fernsehstudios *CBS* blicken lassen. *Mo–Fr 9–21, Sa bis 20, So 10–19 Uhr | 6333 W 3rd Street/Fairfax Av.*

MELROSE AVENUE (138 C3) ( *E11*)

Ein ausgefallenes Geschäft reiht sich ans andere. Dazu gibt's viele Sandwichshops und Cappuccinobars. Die Architektur: niedrige, restaurierte Häuser aus den 1920er-Jahren, oft ergänzt um auffällige Fassaden. Die Boutiquen: Mit ihrem europäisch beeinflussten Retrolook geben sie modisch für ganz Amerika den Ton an. *Läden meist 11–20 Uhr | West Hollywood | zwischen Fairfax Av./La Brea Av.*

INSIDER TIPP SANTA MONICA FARMER'S MARKET
(138 A4) (*E11*)

Samstags ist Biomarkt, am Sonntag spielen auch Bands, und wechselnde Restaurants mit Ökoanspruch stellen ihre Kochkünste vor. *Sa 8.30–13, So ab 9.30 Uhr | Sa an 3rd Street/Arizona Av. | So an 2640 Main Street | Santa Monica*

SANTA MONICA PLACE MALL
(138 A4) (*E11*)

Große Mall mit viel California-Feeling. Schöne Restaurantterrassen im Obergeschoss. *Mo–Sa 10–21, So 11–20 Uhr | 315 Broadway | Santa Monica*

SPORT & STRÄNDE

GOLD'S GYM (138 A4) (*E11*)

Das berühmteste Bodybuildingstudio der USA. *360 Hampton Drive | Venice | Tel. 1310 3 92 60 04 | www.goldsgym.com*

STRÄNDE

Santa Monica Beach mit großartigem Panorama ist der Strand, den Sie am schnellsten vom Stadtzentrum aus er-

Viel Strand, Sonne, Palmen und Meer: Santa Monica Beach

reichen können. Nach Norden schließen sich die auch bei Surfern beliebten Strände *Surfrider Beach, Malibu Lagoon State Beach*, *Point Dume State Beach, Zuma Beach County Park* und *Leo Carillo State Beach* an. Nach Süden liegen *Venice Municipal*, *Playa del Rey*, *Manhattan State Beach* und *Redondo State Beach*. *Manhattan Beach* ist Zentrum der Beachvolleyballspieler, die hier prämienträchtige Turniere austragen.

AM ABEND

Ausführliche Veranstaltungshinweise finden Sie in der Tageszeitung *Los Angeles Times* sowie in der kostenlosen Wochenzeitung *LA Weekly (www.laweekly.com)*.

THE HOUSE OF BLUES
(138 C2) (*E11*)

Club und Restaurant mit Bluesgrößen. Livemusik oft bis 2 Uhr nachts. Sonntags Gospelbrunch. *8430 Sunset Blvd. | Olive Street | Hollywood | Tel. 1323 8 48 51 00*

PLAYHOUSE (138 C2) (*∅ E11*)
Mehrstöcker Top-Nachclub, in dem internationale DJs auflegen. Dazu Events wie *Corona Electric Beach*. Am besten vorab über die Website anmelden. *6506 Hollywood Blvd. | Hollywood | Tel. 1323 6 56 48 00 | playhousenightclub.com*

ROXY ON SUNSET (138 C2) (*∅ E11*)
Livebühne mit sehr guten, täglich wechselnden Bands jeder Stilrichtung. *9009 W Sunset Blvd. | West Hollywood | www.theroxy.com*

VIPER ROOM (138 C2) (*∅ E11*)
Live-Performances und Bar; der bekannte Club gehörte schon mal Johnny Depp. Bekannt auch, weil River Phoenix hier tot zusammenbrach. Viele Berühmtheiten, Fotografieren ist aber verboten! *8852 Sunset Blvd. | West Hollywood | Tel. 1310 3 58 18 81 | www.viperroom.com*

ZANZIBAR (138 A4) (*∅ E11*)
Je nach DJ im Dienst Hip-Hop, Salsa, Funky Sounds und Reggae in buntem Wechsel täglich von 22 bis 2 Uhr. *1301 5th Street | Santa Monica | Tel. 1310 4 51 22 21 | www.zanzibarlive.com*

ÜBERNACHTEN

Vergessen Sie nicht: L. A. ist halb so groß wie das Ruhrgebiet. Die besten Standorte sind Santa Monica/Venice, Westwood, West Hollywood und Beverly Hills.

CAL MAR SUITES (138 A4) (*∅ E11*)
Solides Motel mit 36 großen Suite-Zimmern, gute Lage zum Meer. *220 California Av. | Santa Monica | Tel. 1310 3 95 55 55 | www.calmarhotel.com | €€*

CARLYLE INN (138 B3) (*∅ E11*)
Einfaches, aber witzig gestyltes Haus am Rand von Beverly Hills. *32 Zi. | 1119 S Ro-*

bertson Blvd. | Tel. 1310 2 75 44 45 | www. carlyle-inn.com | €€

HOTEL ERWIN (138 A4) (*∅ E11*)
Angesagtes Design-Hotel direkt am Venice Beach. Total in ist die Open-Air-Lounge auf der ❀ Dachterrasse. *119 Zi. | 1697 Pacific Av. | Venice Beach | Tel. 1310 4 52 11 11 | www.hotelerwin.com | €€*

HILGARD HOUSE (138 B3) (*∅ E11*)
Gemütliches Hotel in Westwood. Geschäfte, Restaurants und Uni in Fußnähe. *55 Zi. | 927 Hilgard Av. | Tel. 1310 2 08 39 45 | www.hilgardhouse.com | €€*

MONDRIAN (138 C2) (*∅ E11*)
Die coolste Trendherberge in West Hollywood – ein Werk des französischen Architekten Philippe Starck. Lobby, Pool und die *Sky Bar* (unbedingt reservieren) sind Treffpunkte der Stars. Im Haus das Restaurant *Herringbone*. *238 Suiten | 8440 Sunset Blvd./Olive Street | West Hollywood | Tel. 1323 6 50 89 99 | www. mondrianhotel.com | €€€*

SEA SHORE MOTEL (138 A4) (*∅ E11*)
Nettes Motel, mittendrin im Trubel von Venice und in Laufweite zum Strand. *19 Zi. | 2637 Main Street | Santa Monica | Tel. 1310 3 92 27 87 | www.seashoremotel. com | €–€€*

THE STANDARD (138 C2) (*∅ E11*)
Szenehotel mit Minimalkomfort, aber viel Stil. *140 Zi. | 8300 W Sunset Blvd. | Sweetzer Street | Tel. 1323 6 50 90 90 | www.standardhotels.com | €€–€€€*

VENICE BEACH COTEL (138 B4) (*∅ E11*)
Backpacker-Hostel direkt am Strand von Venice; schlichte Mehrbettzimmer und auch private Doppelzimmer. *40 Betten | 25 Windward Av. | Tel. 1310 3 99 76 49 | www.venicebeachcotel.com | €*

AUSKUNFT

BEVERLY HILLS VISITORS BUREAU
(138 B3) (🚇 E11)
9400 S Santa Monica Blvd. | Tel. 1800
3 45 22 10 | www.lovebeverlyhills.com

Museum (139 F1) (🚇 E11) (Mi–Mo 12–18, Fr bis 21 Uhr | Eintritt 10 $ | 411 W Colorado Blvd.) mit Zeichnungen von Picasso und Werken von Kandinsky und Klee, dazu eine schöne Gartenanlage. Die Stadt ist zudem ein Mekka für Antik-

Von Los Angeles auf die Insel? Santa Catalina Island liegt nur eine Fährstunde entfernt

LOS ANGELES VISITORS INFORMATION CENTER (139 E3) (🚇 E11)
6801 Hollywood Blvd. | Tel. 1323
4 67 64 12 | www.discoverlosangeles.com

SANTA MONICA VISITOR INFORMATION CENTER
(138 A4) (🚇 E11)
Palisades Park | 1400 Ocean Av. | Tel. 1310
3 93 75 93 | www.santamonica.com

ZIELE IN DER UMGEBUNG

PASADENA (136 B4) (🚇 E11)
15 km nordöstlich von L. A. liegt Pasadena (158 000 Ew.), deren Altstadt um die Colorado Avenue zum Treffpunkt geworden ist. Sehenswert: das Norton Simon

läden, die vor allem an der Holly Street zwischen Fair Oaks und Los Robles angesiedelt sind. An jedem zweiten Sonntag im Monat findet der Rose Bowl Flea Market im Footballstadion statt. Tipp: ganz früh morgens hingehen!

SANTA CATALINA ISLAND
(136 B5) (🚇 E12)
Die Insel (4000 Ew.) mit in der Woche leeren Stränden liegt 30 km von L. A. entfernt und ist per Fähre von Long Beach und San Pedro zu erreichen (Hin- und Rückfahrt ca. 70 $ pro Person). Von Kaugummikönig William Wrigley stammt das Kasino in der Inselhauptstadt Avalon, seine Villa ist heute Luxushotel. www.catalinachamber.com

DER SÜDEN

Bei einer Reise entlang der Westküste macht Badeurlaub erst südlich von Los Angeles richtig Spaß. Hier ist das Wasser des Pazifiks warm genug und tobt jenes bunte Strandleben mit Surfern und Beachvolleyball, das in unzähligen Filmen verherrlicht wurde.

Doch Südkalifornien ist groß und wartet mit vielen Kontrasten auf. Seine zivilisierte Seite erleben Sie entlang der gut 150 km langen Küste, deren Bevölkerung in den letzten Jahrzehnten geradezu explodierte: Von L. A. bis zur mexikanischen Grenze reiht sich Haus an Haus und Einkaufszentrum an Einkaufszentrum. Aufgelockert durch die künstliche Kurzweil der Vergnügungsparks, aufgewertet durch Museen für zeitgenössische Kunst, durchschnitten von schnurgeraden Straßen und gespickt mit schönen Stränden, lässt dieser Landstrich nur wenig von seiner Geschichte erkennen. Dabei landete 20 km nördlich von San Diego 1542 mit dem Portugiesen Juan Rodriguez Cabrillo der erste Europäer in Kalifornien.

Doch die erschlossene Küstenregion ist nur eine Seite Südkaliforniens. Hinter den Küstenbergen wartet eine andere, viel einsamere Welt: das Reich der Wüsten, die rund ein Viertel des ganzen Staats ausmachen.

Die Biologen teilen die Region in die heiße, lebensfeindliche Colorado Desert im Süden und in die etwas kühlere, höher gelegene Mojave Desert mit ihren charakteristischen Yuccapalmen weiter nördlich. Große Abschnitte der Wüsten stehen heute in State und National

Im sonnigen Süden des Golden State: schöne Strände, heiße Wüsten und ein leichtes Leben

Parks wie Death Valley oder Joshua Tree unter Schutz. Aber auch die amerikanischen Streitkräfte haben sich Teile der menschenleeren Landstriche reserviert: als Testgelände oder als Landeplatz für Raumfähren in der *Edwards Air Force Base*. Und dann gibt es noch Oasen wie Palm Springs – die vergoldete Wüstenstadt. Im luxuriösen Resort residieren zwischen grünen Golfplätzen und Swimmingpools in palmenumsäumten Anwesen die reichen und prominenten Kalifornier im Winter.

ANAHEIM

(136 B4–5) (*F11*) **Eigentlich wäre Anaheim nur einer unter vielen der südlichen Vororte von Los Angeles – wäre nicht 1955 Walt Disney gekommen.** Hier verwirklichte er seinen Lebenstraum: einen Themenpark, der mehr bietet als Achterbahnen und Karussells. Seither ist die Stadt (350 000 Ew.) rapide angewachsen und macht das Geschäft mit dem Vergnügen zum *big business*.

Disneyland: Aus dem Magic Kingdom grüßt das Matterhorn

SEHENSWERTES

DISNEYLAND ★

Der älteste Vergnügungspark der Welt. Jedoch sorgen neue Hightech-Achterbahnen wie *Indiana Jones* oder die 2011 angelegte 3-D-Attraktion *Star Tours* dafür, dass der Park aktuell bleibt. Aber auch ältere Attraktionen in dem in verschiedene Länder eingeteilten Park sind sehenswert: die Bootsfahrt durch die Phantasiewelt der *Pirates of the Caribbean* etwa oder das *Country Bear Jamboree*. Kleinere Kinder begeistern eher die Darsteller in Micky- und Goofy-Kostümen sowie Schneewittchen und andere bekannte Märchenfiguren. *Im Sommer meist tgl. 8–21 Uhr | Eintritt 92 $, auch günstige Mehrtagestickets erhältlich | I-5 Exit Disneyland Drive | Tel. 1 714 7 81 45 65 | www.disneyland.com*

DISNEY'S CALIFORNIA ADVENTURE

Der zweite Disney-Park Anaheims liegt direkt neben Disneyland – nicht ganz so groß, aber moderner und mit dem Thema Kalifornien. Besonders schön: die *Muppets-Show* und die atemraubende Achterbahn *California Screamin'*. *Wechselnde Öffnungszeiten, im Sommer meist tgl. 10–20 Uhr, im Sommer länger | Preise und Kombi-Tickets wie Disneyland*

ÜBERNACHTEN

DISNEYLAND HOTEL

Hat eigene Spielanlagen und ist mit Disneyland per Monorail-Bahn verbunden. *969 Zi. | 1150 Magic Way | Tel. 1 714 7 78 66 00 | www.disneyland.com | €€€*

MARRIOTT RESIDENCE INN

Modernes Hotel mit 200 sehr großen Suitezimmern. Gut für Familien geeignet. *11931 Harbor Blvd. | Tel. 1 714 5 91 40 00 | www.residenceinnanaheim.com | €€*

SUPER 8

Eines der vielen Motels in Fußmarschnähe von Disneyland und rund 10 km von Knott's Berry Farm entfernt. *173 Zi. | 415 W Katella Av. | Tel. 1 714 7 78 69 00 | www.super8anaheim.com | €*

ZIELE IN DER UMGEBUNG

CRYSTAL CATHEDRAL (136 B5) (*⊠ F11*)
Kühne Kirchenkonstruktion eines Fernsehpredigers aus mehr als 10 000 Glasscheiben. 2013 wurde der Bau an die katholische Kirche verkauft. *Führungen Mo–Sa 9–15.30 Uhr | 12141 Lewis Street | Garden Grove | 10 km von Anaheim*

INSIDER TIPP ▶ KNOTT'S BERRY FARM
(136 B4–5) (*⊠ F11*)
Nur 15 Minuten Fahrt weiter westlich wartet ein weiterer riesiger Vergnügungspark, den vor allem Achterbahnfans nicht auslassen dürfen. Spannendste Fahrten sind der 30-stöckige *Supreme Scream* und *Pony Express*. Dazu gibt's Wildwasserfahrten, eine Wildwest-Geis-terstadt und für Kids: *Camp Snoopy*. Gleich nebenan liegt ein gigantischer Wasserpark, *Soak City USA. Im Sommer meist 10–22 Uhr, sonst abends kürzer | Eintritt 62 $ | 8039 Beach Blvd. | Buena Park | www.knotts.com*

QUEEN MARY (136 B5) (*⊠ E11*)
Der britische Luxusliner, einst größtes Passagierschiff der Welt, liegt heute in Long Beach, ca. 40 km von Anaheim, vor Anker und dient als Museum und Hotel. Zu besichtigen sind Kapitänsbrücke, Maschinenraum und die oberen Decks. Auch Nachtführungen. *Tgl. 10–17 Uhr | Eintritt 25 $ | 1126 Queens Highway | Long Beach | www.queenmary.com*

COLORADO RIVER AREA

(137 F3–5) (*⊠ H10–11*) **Der zu mehreren großen Seen gestaute Colorado River – größter und wichtigster Fluss im**

★ **Disneyland**
In Anaheim, dem ersten Vergnügungspark von Walt Disney, wurden und werden die Standards für Freizeitparks in aller Welt gesetzt
→ S. 88

★ **Death Valley**
Endloser Wüstensand, Salzseen und Felsgestein in allen Farben – ein heißes, magisches Tal voller Extreme
→ S. 90

★ **Laguna Beach**
Hübsche Küstenstadt mit Kunst und Tradition – und einer wunderbaren Strandbucht → S. 92

★ **Joshua Tree National Park**
Bizarre Felsen und baumhohe Yuccas im Herzen der Mojavewüste
→ S. 95

★ **San Diego Zoo**
Einer der besten Zoos der Welt: schöne naturnahe Gehege, eine ungeheure Artenvielfalt mit über 4000 Tieren und Zooführungen per Bus → S. 96

★ **Sea World**
In dem riesigen Vergnügungspark spielen Seelöwen, Orcas, Eisbären und Pinguine die Hauptrolle
→ S. 97

MARCO POLO HIGHLIGHTS

Südwesten der USA – bildet die Grenze zwischen Kalifornien und Arizona.
In letzter Zeit hat sich die Wüstenregion beiderseits des Flusses zum Spielplatz der Kalifornier entwickelt: mit großen Yachthäfen, vielen Campingplätzen und mit Kasinos auf der Nevada-Seite.

SEHENSWERTES

ORTE AM COLORADO

Needles (137 F3) *(ϱ H10)* ist ein Städtchen mit vielen historischen Gebäuden aus den Tagen der Santa Fe Railroad. In *Lake Havasu City* (137 F4) *(ϱ H11)* ließ der Millionär Robert P. McCulloch Anfang der 1970er-Jahre die an der Themse zerlegte *London Bridge* Stein für Stein wieder aufbauen. *Blythe* (137 F5) *(ϱ H11)* ist der Ausgangspunkt für einen Trip auf dem Colorado – per Kanu oder Floß. Halb- und ganztägige Kanu- und Raftingtouren in die Schluchten des Colorado und Bootsvermietung bietet *Jerkwater Canoe Company (Topock | Arizona | Tel. 1800 4 21 78 03 | www.jerkwatercanoe.com)*. Allgemeine Infos zur Region über *Need-les Chamber of Commerce (Front Street/G Street | Tel. 1760 3 26 20 50 | www.needleschamber.com | www.coloradoriverinfo.com)*.

DEATH VALLEY

(136–137 C–D 1–2) *(ϱ F–G 8–9)* ⭐ 🔵 **Im Nordosten der Mojave Desert liegt Death Valley. Devil's Golf Course, der niedrigste Punkt der USA, 84 m unter dem Meeresspiegel, ist der heißeste Fleck der Erde (bis zu 57 Grad im Schatten).**
Umrahmt von bis zu 3368 m hohen Gipfeln wie dem ❄ *Telescope Peak* und angefüllt mit salzigen Seen, wird die Vielfalt des Wüstenlebens nirgendwo deutlicher als in dem über 180 km langen „Tal des Todes". Riesige Krater, die Überreste alter Vulkane, und markante Canyons schillern dank Metall- und Mineralablagerungen in allen Farben und bergen einen bizarren Formenreichtum. *Furnace Creek* ist

DIE WÜSTE DROHT

So harmlos sie in einigen Teilen sein mag, so gefährlich und unberechenbar ist die Wüste auch. Plötzliche Sandstürme machen selbst breite Autobahnen im Nu unpassierbar. Und wenn es in den Hügeln tatsächlich mal regnet, kann ganz plötzlich ein Stück weiter bei blauem Himmel ein ausgetrocknetes Bachtal meterhoch unter Wasser stehen. *Flash flood* heißt das. Autofahrer, die sich abseits der großen Highways bewegen, sollten gute Karten und reichlich Getränke (Tagesbedarf: 5 l pro Person) mitnehmen. Tankstellen sind rar, achten Sie darauf, sehr viel mehr Benzin im Tank zu haben, als Sie für die Strecke bis zur nächsten Stadt benötigen. Ersatzkanister sind in den USA verboten. Zur Ausstattung für Wanderungen gehören neben der Wasserflasche ein *snake kit* für Erste Hilfe bei Schlangenbissen und eine Pinzette zum Herausziehen von Kakteenstacheln. Bleiben Sie auf den markierten Trails und hinterlassen Sie bei den Rangern Namen und voraussichtliche Rückkehrzeit.

der Mittelpunkt des Nationalparks mit Motels, Campingplätzen, Restaurants, einem öffentlichen Schwimmbad und guten Ausstellungen im *Visitor Center*.

Ein phantastischer Blick ins Tal des Todes bietet sich vom Zabriskie Point

SEHENSWERTES

ARTIST'S PALETTE DRIVE

Die Seitenstraße der US 178 führt zu einer der Gesteinsformationen, aus denen das Morgen- und Abendlicht die Farbenvielfalt einer Malerpalette herausholt. Das schräge Licht der Sonne setzt auch die großen Sanddünen bei *Stovepipe Wells* am besten in Szene. Schon in den 1920er-Jahren drehte Hollywood hier die ersten „arabischen" Wüstenfilme.

SCOTTY'S CASTLE

Der unvollendete Lebenstraum des Abenteurers Walter Scott, der sich 1924 mithilfe eines Geschäftsmanns aus Chicago für 2,4 Mio. Dollar in einem einsamen Canyon ein maurisch inspiriertes Schloss errichten ließ.

ZABRISKIE POINT/DANTE'S VIEW ☼

Der Aussichtspunkt *Zabriskie Point* hoch über den erodierten Hügeln und ausgetrockneten Seen der Wüste wurde durch Michelangelo Antonionis gleichnamigen Film berühmt. Mindestens ebenso beeindruckend aber ist – besonders in den frühen Morgenstunden – der Blick von *Dante's View*, der über die gesamte Länge des Tals geht.

ÜBERNACHTEN

FURNACE CREEK RANCH & INN

Eine weitläufige Oase mit Motelzimmern und rustikalen Ranchhütten nahe dem tiefsten Punkt des Tals – und mit dem tiefsten Golfplatz der Welt. Etwas entfernt am Berghang liegt der historische, nur von Oktober bis Mai geöffnete *Inn,* in dem schon viele Hollywood-Stars nächtigten. *Ranch 244 Zi., Inn 66 Zi. | Tel. 1760 786 23 45 | Furnace Creek | www. furnacecreekresort.com | €€–€€€*

AUSKUNFT

FURNACE CREEK VISITOR CENTER

Furnace Creek | Tel. 1760 786 32 00 | www.nps.gov

ZIEL IN DER UMGEBUNG

MOJAVE NATIONAL PRESERVE

(137 D–E 2–3) (*Ø G–H10*)

Die ca. 80 km südlich gelegene Mojavewüste bezeichnen die Amerikaner als *High Desert,* denn sie liegt auf 1000 bis

1600 m Höhe. Tiere (Kojoten, Schildkröten, Hasen) und Pflanzen (Kakteen, andere Sukkulenten, Mesquitbäume) gedeihen in ungeahnter Vielzahl. Im Frühjahr verwandeln die Wildblumen (am schönsten: der kalifornische Mohn) manche Abschnitte in ein Farbenmeer. *Cima Dome* ist ein 500 m hoher Granitmonolith, auf dessen Oberfläche *Joshua trees* wachsen. *Cinder Cones National Natural Landmark* birgt kegelförmige Vulkankrater und urzeitliche Felsmalereien. Die *Kelso Dunes* und der *Devil's Playground* sind faszinierende Sanddünenlandschaften. Zu den schönsten Routen gehören *Kelbaker Road* (die Nordsüdverbindung zwischen Baker und der I-40) und *Mojave Road,* der alte Indianertrail, per Jeep befahrbar (in Las Vegas oder Palm Springs zu mieten). Infos: *Kelso Depot Information Center (Kelso | Tel. 1760 2 52 61 08 | www.nps.gov/moja)*

LAGUNA BEACH

(136 B5) (📖 F12) ⭐ **Das hübsch an einer Klippe gelegene Strandstädtchen hat Tradition, auch wenn Laguna Beach mit 25 000 Einwohnern längst über die Grenzen der ursprünglichen Künstlerkolonie hinausgewachsen ist.**

Doch Kunst und Kunsthandwerk spielen noch immer eine große Rolle, besonders während des Sommers, wenn von Juli bis September im *Irvine Bowl Park* das große *Festival of Arts* stattfindet.

SEHENSWERTES

LAGUNA ART MUSEUM
Große und gute Ausstellungen moderner wie älterer südkalifornischer Künstler. *Tgl. 11–17 Uhr | Eintritt 7 $ | 307 Cliff Drive*

ESSEN & TRINKEN

LAS BRISAS ⚜
Lebhafter Mexikaner, bei dem Tacos und Margaritas serviert werden – unter freiem Himmel mit Blick aufs Meer. *361 Cliff Drive | Tel. 1 949 4 97 54 34 | €€€*

ZINC CAFÉ & MARKET ♻
Luftiges Café für Frühstück und Lunch mit angeschlossenem Gourmetmarkt. Mittwochs bis sonntags auch Dinner. Keine explizite Bioreklame, aber die Zutaten sind alle regional und superfrisch. *350 Ocean Av. | Tel. 1 949 4 94 63 02 | €€*

ÜBERNACHTEN

ART HOTEL LAGUNA BEACH
Einfaches, aber sauberes Motel mit kleinem Pool, nicht weit vom Strand gelegen. *28 Zi. | 1404 Coast Highway | Tel. 1 949 4 94 64 64 | www. arthotellagunabeach.com | €–€€*

INN AT LAGUNA BEACH ⚜
Gepflegtes Strandhotel, das sehr geschmackvoll mit luftigem California-Feeling gestaltet ist. *70 Zi. | 211 N Coast Highway | Tel. 1 949 4 97 97 22 | www. innatlagunabeach.com | €€€*

RITZ-CARLTON LAGUNA NIGUEL ⚜
Gilt als eines der 20 besten Hotels der USA. Schön gelegen über den Felsen direkt am Meer, mit zwei Swimmingpools, Wellnesscenter und drei Restaurants. *396 Zi. | 1 Ritz Carlton Drive | Dana Point | Tel. 1 949 2 40 20 00 | www. ritzcarlton.com | €€€*

AUSKUNFT

LAGUNA BEACH VISITORS BUREAU
381 Forest Av. | Tel. 1 949 4 97 92 29 | www.lagunabeachinfo.com

DANA POINT (136 B5) (*⌂ F12*)

Um den alten Hafen des Orts (36 000 Ew.) knapp 10 km südlich von Laguna Beach reihen sich zahlreiche Restaurants und Geschäfte. Ideal für einen Bummel nach dem Strand.

HUNTINGTON BEACH ●
(136 B5) (*⌂ E12*)

Der lange Strand des Orts (200 000 Ew.) knapp 20 km nördlich gilt unter Surfern als einer der Spitzenplätze Kaliforniens. Entsprechend bunt ist die Szene hier vertreten, vor allem wenn Anfang Septem-

haben im Hafen Platz – da ist der Beiname „amerikanische Riviera" wohlbegründet. Das hervorragende *Orange County Museum of Art (Mi–So 11–17, Do bis 20 Uhr | Eintritt 12 $ | 850 San Clemente Drive)* zeigt vor allem provokative zeitgenössische Kunst. Vom Balboa Pier aus legen Boote zu Tagestouren nach *Santa Catalina Island* ab.

SAN JUAN CAPISTRANO
(136 C5) (*⌂ F12*)

Abseits der Strände liegt rund 15 km von Laguna Beach in den Hügeln dieser historische Ort (36 000 Ew.) voller kolonial anmutender Adobe-Gebäude um die

Die perfekte Welle reiten – Huntington Beach ist Kaliforniens Surfspot Nr. 1

ber Meisterschaften stattfinden. Das kleine *International Surfing Museum (tgl. 12–17, Sa 11–19 Uhr | Eintritt 5 $ | 411 Olive Av.)* feiert die Meister der Kunst.

Weit edler ist gleich nebenan *Newport Beach* (136 B5) (*⌂ F12*) (80 000 Ew.) mit schicken Galerien und Shops auf Fashion Island. An die 10 000 Yachten

Ruinen der 1776 gegründeten spanischen **INSIDER TIPP** *Mission San Juan Capistrano (tgl. 9–17 Uhr | Eintritt 9 $ | Hwy. 74)* einem ausgezeichneten Museum und der ältesten Kirche Kaliforniens, deren Name auf den italienischen Kreuzzugsprediger Johannes von Capistrano (14./15. Jh.) zurückgeht.

PALM SPRINGS

(137 D5) (🗺 G11) Heiße Quellen waren schon immer die Attraktion des Coachella Valley bei Palm Springs (44 000 Ew.), einem derzeit wieder sehr im Trend liegenden Erholungsort hinter den Küstenbergen von Los Angeles.

Am Nordrand der Stadt überziehen große Windfarmen mit ihren Turbinen das Wüstenland. Der so gewonnene Strom wird dringend für Wasserpumpen und Kühlanlagen gebraucht. Im *Coachella Valley* finden sich heute mehr als 90 Golfplätze, 300 Tennisplätze und weit über 7000 Pools.

Die Cahuilla-Indianer in der *Agua Caliente Indian Reservation* besitzen bis heute einen Großteil des Lands. Durch die Einnahmen aus Verpachtung gehören sie zu den reichsten Stämmen Amerikas. In den *Indian Canyons,* 8 km südlich vom Stadtzentrum von Palm Springs, können Sie wunderbar entlang des Bachs durch wilde Palmenhaine wandern *(im Sommer nur am Wochenende geöffnet)*. Östlich von Palm Springs reihen sich am East Palm Canyon Drive die Oasen des guten Lebens aneinander. *Rancho Mirage*, *Indian Wells*, *Palm Desert* – alles Refugien für betuchte Frührentner, die hier ihre Tage mit Golfen und ihre Abende mit Martinis auf der Terrasse verbringen.

SEHENSWERTES

INSIDER TIPP ▸ THE LIVING DESERT

Für Wüstenfüchse ein echter Leckerbissen: auf dem 4,8 km² großen Freigelände Hunderte von Kakteen, dazu Schlangen, Bergschafe und viele andere Wüstentiere in natürlicher Umgebung. Im angeschlossenen ⊙ *Palo Verde Garden Center* gibt es ökologisch korrekt gezüchtete Kakteen und andere Wüstenpflanzen – ideale Souvenirs. *Tgl. 9–17, im Sommer 8–13.30 Uhr | Eintritt 17,25 $ |*

Aerial Tramway: Die Seilbahn steigt auf 2640 m Höhe und rotiert dabei um 360°

47900 Portola Av. | Palm Desert | www.
livingdesert.org

PALM SPRINGS AERIAL TRAMWAY ☼
In kaum 20 Minuten schwingt sich diese 4 km lange Seilbahn vom Wüstenbo-
den auf eine Höhe von 2640 m über dem
Meer. Von der Endstation haben Sie an
klaren Tagen eine Aussicht bis zu einer
Entfernung von 130 km! Im *San Jacinto
State Park* (136 C5) (*⌖ F11*) finden Sie
kühle Kiefernwälder, 80 km Wanderwege und – in schneereichen Wintern – Loi-
pen zum Skilanglauf sowie Skiverleiher.
*Mo–Fr 10–20, Sa/So 8–20 Uhr | Eintritt
24 $, Tipp: die Gondelfahrt inkl. Dinner
kostet nach 16 Uhr nur 36 $ | Hwy. 111*

PALM SPRINGS DESERT MUSEUM
Schwerpunkte sind moderne amerikanische und indianische Kunst. *Di–So 10–17,
Do 12–20 Uhr | Eintritt 12,50 $ | 101 Mu-
seum Drive*

ESSEN & TRINKEN

BLUE COYOTE GRILL
Beliebter Grill: Das Warten auf scharf
gewürzte Spezialitäten aus dem Südwes-
ten lohnt. *445 N Palm Canyon Drive | Tel.
1760 3 27 11 96 | €€*

EINKAUFEN

DESERT HILLS PREMIUM OUTLETS
Ein riesiges Shopping-Center am Nordrand des Coachella Valley mit 130 Dis-
countläden namhafter Hersteller wie
Armani und Versace. *Mo–Sa 10–21, So
10–20 Uhr | Freeway I-10 Cabazon*

ÜBERNACHTEN

Die Hotelpreise sind im Sommer bis zu
50 Prozent billiger, da die Hitze viele
Amerikaner vom Besuch abhält.

INSIDER TIPP ▶ **THE CHASE**
Ein schräges Retromotel mit kürzlich
renovierten Zimmern und Pool. Nahe
zum Zentrum. *22 Zi. | 200 W Arenas
Road | Tel. 1760 3 20 88 66 | www.chase
hotelpalmsprings.com | €–€€*

COYOTE INN
Nettes kleines Hotel im Adobe-Stil, Zim-
mer mit Küche, Pool. *7 Zi. | 234 S Paten-
cio Road | Tel. 1760 3 27 03 04 | www.
coyoteinn.net | €–€€*

AUSKUNFT

PALM SPRINGS VISITORS CENTER
*2901 N Palm Canyon Drive | Tel. 1760
7 78 84 18 | www.visitpalmsprings.com*

ZIEL IN DER UMGEBUNG

JOSHUA TREE NATIONAL PARK ★ ●
(137 D–5) (*⌖ G–H11*)
Kakteen und Kojoten prägen diesen
schon 1936 geschaffenen Wüstenpark an
der Schnittstelle von Mojave und Colorado Desert. Im Hochland des 3000 km^2
großen Schutzgebiets nahe dem Hwy. 62
gedeihen ganze Wälder von bis zu 15 m
hohen *Joshua trees,* eine Yucca-Art.
Schön zum Wandern: *Hidden Valley* und
Indian Cove. Schönste Zeiten: März/April
für die Wüstenblüte und der Spätherbst.
*Infos beim Oasis Visitor Center (Twenty-
nine Palms | Tel. 1760 3 67 55 00 | www.
nps.gov/jotr)*

SAN DIEGO

(136 C6) (*⌖ F12*) **Mit mehr als 3 Mio.
Einwohnern ist San Diego die drittgrößte Stadt Kaliforniens. Ihr Freizeitwert ist
mit vielen Wasser- und sonstigen Sport-
möglichkeiten sehr hoch.**

SAN DIEGO

CITY WOHIN ZUERST?

Bester Startpunkt in San Diego: die fröhlich-bunte **Horton Plaza** in Downtown, von dort aus gelangen Sie gut über den Broadway zum Hafen und zum Flugzeugträger USS Midway, über die G Street zurück und ins Gaslamp Quarter. Ein Parkhaus nahe Horton Plaza finden Sie in der G Street/3rd Av.; die Innenstadt ist gut zu Fuß zu erlaufen, für alles andere ist ein Auto nötig.

Die Meteorologen zählen mehr als 300 Sonnentage pro Jahr. San Diego pflegt seinen Ruf als Inbegriff des entspannten kalifornischen Lebensstils. Die 110 km lange Küste des San Diego County besitzt unzählige Strände zum Schwimmen und Surfen.

San Diego ist der Geburtsort des heutigen Kaliforniens. 1769 gründeten die Spanier hier an einem großen Naturhafen ein Fort und die *Mission San Diego de Alcalá*. Die restaurierten Adobe-Häuser aus der spanischen Zeit in der Old Town sind als State Park geschützt und zum Teil auch zu besichtigen.

Mission Bay, *Mission Beach*, *Pacific Beach*, *Coronado* – die Liste der von Wasser umrahmten Vororte ist lang. Und überall warten Sandstrände, Fahrradwege, Terrassencafés und viel lockere Lebensfreude. Besonders gut zeigt sich der südkalifornische Lebensstil im nördlichen Vorort *La Jolla,* der auf einer Klippe über dem Pazifik liegt.

SEHENSWERTES

BALBOA PARK

Der Park auf einem Hügel nördlich der Innenstadt wurde bereits 1868 gegründet und war 1915/16 Schauplatz der großen Panama-Pacific Exposition, einer Weltausstellung aus Anlass der Eröffnung des Panamakanals. In den Bauten von damals sind heute rund ein Dutzend Museen, ein botanischer Garten und der San Diego Zoo untergebracht.

CABRILLO NATIONAL MONUMENT 🌿

Von der Landzunge weit im Westen bietet sich ein grandioser Blick über Bucht und Stadt. Im *Visitor Center* illustrieren Ausstellungen die frühe Geschichte Kaliforniens. *Tgl. 9–17 Uhr | Eintritt 5 $ | Point Loma*

GASLAMP QUARTER

Hübsche viktorianische Häuser mit Kunstgalerien und Antiquitätenläden, modischen Geschäften und beliebten Bars. Der historische Distrikt, ursprünglich *New Town* genannt, wurde 1857 von Alonzo Horton angelegt, der die Stadt näher ans Meer rücken wollte. *Zwischen Broadway und K Street*

MUSEUM OF CONTEMPORARY ART 🌿

Minimalismus, Pop-Art, kalifornische Kunst: In einem Neubau mit Meerblick in La Jolla und in der Innenstadt zeigt das Museum seine großartige Sammlung. *Do–Di 11–17 Uhr | Eintritt 10 $ | La Jolla | www.mcasd.org*

SAN DIEGO ZOO ⭐ 😊

Der San Diego Zoo ist einer der größten und besten Tiergärten der Welt mit rund 4000 Tieren, darunter viele seltene Arten wie Gorillas und andere Primaten. Bekannt auch für Zuchterfolge etwa bei Tigern oder seltenen Pandas. Beispielhaft ist die artgerechte Umgebung: In bislang einem Dutzend Biosphären wird versucht, der natürlichen Umwelt der Tiere nahezukommen. Die großen Entfernungen können Sie per

Seilbahn und Bus (Rundfahrten) bewältigen. *Tgl. 9–18 Uhr, im Sommer länger | Eintritt 44 $ | Balboa Park | www.sandiegozoo.org*

SEA WORLD ★

Ein gigantisches Ozeanarium auf gut 600 000 m² Fläche mit Eisbären, Hunderten von Pinguinen, Haien und einem nachgebauten Korallenriff. Stündliche, allerdings bei Tierschützern umstrittene Shows mit Orcawalen, Seelöwen und springenden Delphinen. *Im Som-*

ESSEN & TRINKEN

CASA DE REYES

Mitten im Touristenviertel der Old Town, aber mit sehr leckeren mexikanischen Spezialitäten, guten Margaritas und schattiger Terrasse. *2754 Calhoun Street | Tel. 1 619 2 97 31 00 | €–€€*

INSIDER TIPP CORVETTE

Herrlich schrilles Retro-Lokal mit aufgedonnerten Bedienungen. *2965 Historic Decatur Road | Tel. 1 619 5 42 14 76 | €–€€*

Sea World: Eine der Hauptattraktionen des Parks ist die tägliche Liveshow mit Orcas

mer 9–23, sonst 10–17 Uhr | Eintritt 79 $ | Pacific Beach | www.seaworld.com

USS MIDWAY ●

Martialisch und gigantisch: Der rund 300 m lange Flugzeugträger mit seinem weit auskragenden Flugdeck beeindruckt, selbst wenn er im Ruhestand ist. Mit Museum und Führungen. *Tgl. 10–17 Uhr | Eintritt 19 $ | Navy Pier | 910 N Harbor Drive | www.midway.org*

GEORGE'S AT THE COVE

Edles Fischrestaurant mit bestem Pazifikblick. Reservieren! Zwangloser: das Café und *The Terrace. 1250 Prospect Street | La Jolla | Tel. 1 858 4 54 42 44 | €€€*

INSIDER TIPP RUBIO'S

Mexikanische Fastfood-Kette mit guter Qualität und prima *fish tacos. Z. B. an 910 Grand Av. | Pacific Beach | www.rubios.com | €*

TOP OF THE MARKET ✹

Genießen Sie Fischgerichte aus aller Welt mit Blick auf den Hafen; legerer ist der *fish market* im Untergeschoss. *750 N Harbor Drive | Tel. 1619 2 32 34 74 | Restaurant €€€ | Fish Market €*

turstilen zusammengewürfeltes Shoppingcenter mit viel Californiaflair. Es erwarten Sie rund 150 Geschäfte, dazu Kaufhäuser, Cafés und Kinos. Beliebt als Treff sind auch die vielen dortigen Restaurants.

Viele Einzelgeschäfte und eine raffinierte Architektur: Open-Air-Shopping im Horton Plaza

EINKAUFEN

BAZAAR DEL MUNDO

Geschäfte mit Importen aus Mexiko und Südamerika. *Old Town State Park | zwischen Calhoun, Juan, Wallace und Mason Street*

CARLSBAD PREMIUM OUTLETS

Knapp 100 Discountläden in einem mediterran gestylten „Dorf": Guess, Hilfiger, Gap, Puma, Ralph Lauren und viele mehr. *Mo–Sa 10–21, So 10–19 Uhr | 5620 Paseo Del Norte | Carlsbad*

HORTON PLAZA

Das Wahrzeichen der Innenstadt von San Diego: ein kunterbunt in vielen Architek-

SPORT & STRÄNDE

Silver Strand State Beach und *Coronado Beach (Coronado), Mission Beach, Tourmaline Surfing Park* und *La Jolla Cove (La Jolla)* sowie *Torrey Pines State Beach* in Del Mar gehören zu den schönsten Stränden.

RADFAHREN/ROLLERBLADING

Verleih bei *Bike and Beyond (Coronado Ferry Landing | Tel. 1619 4 35 71 80)* und *Cheap Rentals (3689 Mission Blvd. | Tel. 1858 4 88 90 70)*.

WALE BEOBACHTEN

Im Winter bewegen sich die Wale zu ihren Paarungsgründen vor Baja California.

Touren und Hafenrundfahrt: *Hornblower Cruises (San Diego | Tel. 1 888 4 67 62 56).*

ÜBERNACHTEN

HOTEL DEL CORONADO
1888 entstand mit dem „Del" das erste Ferienhotel Südkaliforniens für wohlhabende Gäste. Das Haus war Schauplatz der Monroe-Komödie „Manche mögen's heiß". Das Hotel besitzt eine der reizvollsten Strandbars in ganz Kalifornien – *Babcock & Story,* benannt nach den beiden Hotelgründern. Täglich Führungen zur Hotelgeschichte mit zahlreichen Anekdoten über die Dreharbeiten. *679 Zi. | 1500 Orange Av. | Coronado | Tel. 1 619 4 35 66 11 | www.hoteldel.com | €€€*

HUMPHREY'S HALF MOON INN ⚘
Elegantes Resort mit tropischen Gärten und eigenem Yachthafen, gutes Restaurant. 182 große Suitezimmer. *2303 Shelter Island Drive | Tel. 1 619 2 24 34 11 | www.halfmooninn.com | €€–€€€*

INSIDER TIPP ▶ LA PENSIONE
Freundliches, kleines Hotel am Nordende der Innenstadt im Viertel Little Italy. Saubere Zimmer mit Kochecke. *68 Zi. | 606 W Date Street | Tel. 1 619 2 36 80 00 | www.lapensionehotel.com | €*

AUSKUNFT

SAN DIEGO INTERNATIONAL VISITOR INFORMATION CENTER
1140 N Harbor Drive | Tel. 1 619 2 36 12 12 | www.sandiego.org

ZIELE IN DER UMGEBUNG

BAJA CALIFORNIA (136 C6) (*ω F13*)
Ein Abstecher nach Mexiko (20 km südlich von San Diego, auch mit der Straßenbahn erreichbar) führt ins lebendige Touristenmekka *Tijuana* (1,2 Mio. Ew.) und in einsame, wilde Wüstenlandstriche. Doch Achtung: Drogenkriege und Überfälle haben in den letzten Jahren mexikanische Grenzstädte wie Tijuana für Touristen gefährlich gemacht. Für Mietwagen bestehen oft Versicherungsbeschränkungen.

SAN DIEGO SAFARI PARK
(136 C6) (*ω F12*)
Freigehege mit 450 bedrohten Tierarten in einer künstlich angelegten Steppe mit Sümpfen sowie einem Regenwald. *Tgl. 9–19 Uhr, im Winter kürzer | Eintritt 44 $ | 15500 San Pasqual Valley Road | Escondido | 45 km von San Diego*

LOW BUDGET

▶ Mexikanische Kost ist in Kalifornien immer noch am billigsten. Und die besten Tacos gibt es bei der Kette *Rubio's* überall in Südkalifornien. Tipp: *fish tacos* mit Salat und Salsa – sehr lecker! *www.rubios.com*

▶ Die *Go San Diego Card* erscheint auf den ersten Blick nicht preiswert: 1 Tag kostet 77 $, 3 Tage 179 $, 7 Tage 269 $. Doch dafür gibt es Hafenrundfahrten, freie Besichtigung aller Museen der Stadt, des *San Diego Zoo* sowie auch des Flugzeugträgers *Midway. www.gosandiegocard.com*

▶ Wer alle großen Themenparks besuchen will, spart mit dem Couponticket *Citypass Southern California*: Die beiden *Disneyparks, Sea World* und *Universal Studios* sind für 319 $ zu besuchen – immerhin 100 $ günstiger als der reguläre Eintritt. *www.citypass.com*

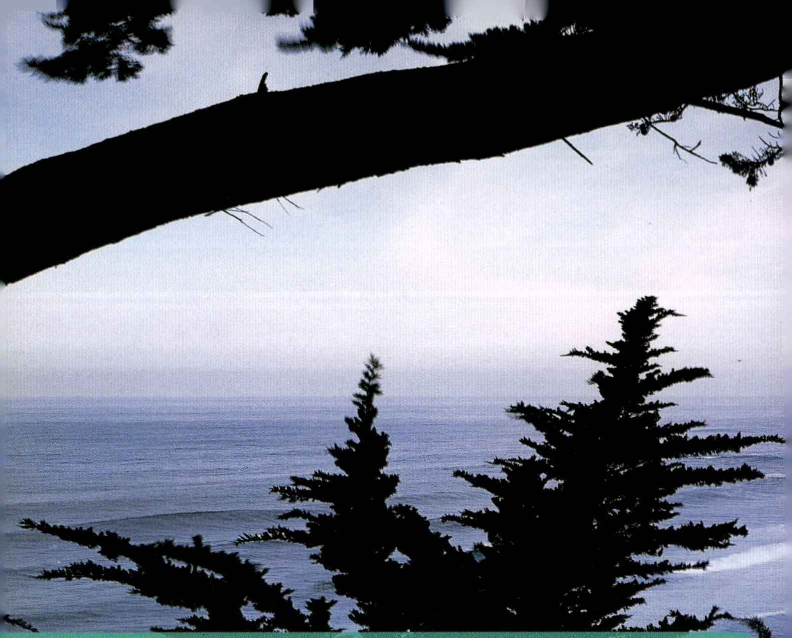

AUSFLÜGE & TOUREN

Die Touren sind im Reiseatlas, in der Faltkarte und auf dem hinteren Umschlag grün markiert

1 DER RAUE NORDEN: EIN REVIER FÜR ENTDECKER

Von San Francisco aus entlang der wilden Nordküste zu redwoods und Vulkanen und in die liebliche Welt des kalifornischen Weins. Dauer: acht Tage, ca. 1500 km (940 Meilen).

Von San Francisco aus führt nur ein Weg nach Norden: der über die berühmte Golden Gate Bridge. Gleich nördlich der Brücke biegen Sie auf den Hwy. 1 ab, der bei Bodega Bay die **Sonoma Coast** → S. 55 und die windumtosten Klippen von **Point Reyes** → S. 54 erreicht. Von hier folgt die Route der wenig besiedelten, zerklüfteten Pazifikküste immer nach Norden. Sehenswert: das nachgebaute Fort Ross im gleichnamigen **State Historic Park** nördlich von Jenner, wo im Jahr 1812 russische Pelzhändler eine Siedlung errichteten. Vorüber am baumlosen Kap von **Point Arena** mit seinem INSIDER TIPP **historischen Leuchtturm** *(5 Zi. | Tel. 1707 8 82 28 09 | www.pointarenalighthouse.com | €€–€€€)* und guten Wanderwegen ringsum zu einsamen Stränden an der Küste geht es weiter zum nächsten Stopp: zum fotogenen Künstlerstädtchen **Mendocino** → S. 49, in dem noch viele der Holzhäuser aus dem 19. Jh. erhalten sind und das die Kulisse für den James-Dean-Film „Jenseits von Eden" bot.

In **Fort Bragg** lohnt sich ein Ausflug mit dem dampfgetriebenen **Skunk Train** → S. 49 durch die Redwoodwälder nach **Willits**. Kurze Zeit später zwingt die Un-

 Bild: Leuchtturmstation von Big Sur

Grandiose Natur und Glitzermetropole – drei Touren für Abenteurer, Genießer und Glücksritter

durchdringlichkeit der Berge der *Lost Coast* den Hwy. 1 zurück auf den Hwy. 101 und führt hinter Garberville zur **Avenue of the Giants** → S. 45, die zusammen mit den riesigen Bäumen des **Humboldt Redwoods State Park** ein gigantisches Naturschauspiel bietet. Bei Rio Dell sollten Sie noch einen Abstecher in das viktorianische Städtchen **Ferndale** → S. 47 einplanen. Dann geht es über **Eureka** → S. 44 auf dem Hwy. 299 über die Küstenberge und den alten Goldgräberort **Weaverville** landeinwärts nach **Redding**

→ S. 51 und von dort über die Autobahn I-5 zur nächsten grandiosen Naturattraktion: dem schneebedeckten, 4317 m hohen Vulkangipfel des **Mount Shasta** → S. 49 mit dem gemütlichen, esoterisch verbrämten Örtchen Mount Shasta zu seinen Füßen.

Welche Gewalt die Erde in Nordkalifornien entfalten kann, erleben Sie, wenn Sie nun höher hinauf in die Berge der Cascade-Kette vordringen. Der Hwy. 89 schlängelt sich von Mount Shasta aus durch dichte Wälder bergan und steuert

Spitzenweine, eine malerische Natur und erstklassige Restaurants: Napa Valley

schließlich den **Lassen Volcanic National Park → S. 48** an. Hunderte Quadratkilometer vulkanisches Gebiet durchziehen den Park, bizarres schwarzes Basaltgestein, umgeben von brodelnden Thermal- und Schwefelquellen, erinnert daran, dass unser Planet noch immer nicht zur Ruhe gekommen ist.

Über den Hwy. 36 und die I-5 geht es dann zurück nach Süden und über Williams und Clearlake weiter ins bedeutendste Weintal der Vereinigten Staaten – **Napa Valley → S. 52**, Symbol und Zentrum des Spitzenweinanbaus in Kalifornien. Der Hwy. 29 bildet zwischen **Calistoga**, einem schon 1859 gegründeten Kurbad mit heißen Quellen, und **Napa** die Paradeweinstraße. Etliche der besten Winzer Amerikas säumen die Straße, darunter die Weingüter Freemark Abbey, Beringer Vineyards und Clos Pegase bei **Saint Helena**, Robert Mondavi bei **Ruth-**

erford oder Trefethen (Chardonnay), Opus One (Bordeaux-Weine) und Domaine Chandon (Rosésekt) am Südende des Tals. Von dort sind es über den Hwy. 121 und Hwy. 101 mit einem kleinen Abstecher zum hübschen Weinort **Sonoma → S. 54** mit seinem historischen Marktplatz nur noch ein paar Stunden Fahrt zurück nach **San Francisco**.

2 VORNE SURFSPASS, HINTEN SAND: DER HEISSE SÜDEN

Dieser Weg führt von L. A. nach San Diego und durch die Wüste von Coachella Valley. Dauer: fünf Tage, ca. 925 km (575 Meilen).

Wenn Sie aus dem Dickicht der Autobahnen von L. A. herausgefunden haben, steuern Sie über die I-5, den Santa Ana Freeway, zunächst **Disneyland → S. 88** an. Danach geht es auf der I-5 weiter nach Süden und von Santa Ana über den Hwy. 55 Richtung Westen bis zum Treffpunkt aller kalifornischen Surfer: **Huntington Beach → S. 93**. Gleich nebenan im eleganten **Newport Beach** liegen im Yachthafen bis zu 10 000 Boote vertäut vor Anker.

Balboa ist eine der acht vorgelagerten Inseln und Ausgangspunkt für Ausflüge nach **Santa Catalina Island → S. 85**, einst Domizil des Kaugummimillionärs William Wrigley. Der Hwy. 1, der Pacific Coast Highway, führt weiter nach **Laguna Beach → S. 92**, früher eine Künstlerkolonie, das eine anregende Mischung aus Galerien, Restaurants und Boutiquen besitzt.

Weiter auf dem Hwy. 1 folgen Sie dann der Küste bis **Dana Point**, wo die Del Obispo Street landeinwärts nach **San Juan Capistrano → S. 93** abzweigt. Unbedingt sehenswert: die bereits 1776 gegründete Mission. Von hier bringt Sie dann die I-5 weiter nach Süden. Es lohnt sich noch, für das letzte Stück Fahrt vor San Diego bei **Carlsbad** abzubiegen und entlang der Küste weiterzufahren: Elegante Villen und lange Strände reihen sich hier am Hwy. 1 bis **La Jolla**, den schicken, auf einer hohen Klippe gelegenen Strandvorort von **San Diego → S. 95**. Neben dem Stadtzentrum mit dem Shoppingcenter Horton Plaza, dem Gaslamp Quarter und dem Vergnügungsviertel Balboa Park bietet die Metropole einen der schönsten Zoos der Welt, unter anderem mit einem Paar der seltenen Pandabären.

In Richtung Binnenland verlassen Sie San Diego auf der I-8, um zunächst auf dem Hwy. 79 nach Norden und anschließend dann auf dem Hwy. 78 nach Osten den **INSIDER TIPP** **Anza Borrego Desert State Park** zu durchfahren. Dessen karge Wüsten- und Kakteenlandschaft blüht – je nach Regenfall – im März oder April in den Farben zahlloser Wildblumen dramatisch auf.

Auf dem Hwy. 86 lassen sich weiter nördlich der **Salton Sea**, ein künstlicher See, dessen Wasser salziger ist als das des Pazifiks, und das **Coachella Valley** erkunden, ein sonniges Wüstental mit großen Dattelpalmen, in dem sich auf weniger als 50 km² an die 90 Golfplätze befinden. **Indian Wells**, **Palm Desert**, **Rancho Mirage** und **Palm Springs** bilden die attraktiven Oasen für Kaliforniens wohlhabende Bevölkerung, die hier wegen des trockenen, warmen Klimas überwintert.

Auf keinen Fall sollten Sie **The Living Desert → S. 94** versäumen, ein Natur- und Tierpark, der das Wüstenleben anschaulich erklärt. Ebenso wenig in **Palm Springs → S. 94** die Aussicht vom Gipfel des ☀ **Mount San Jacinto**, per Seilbahn mit rotierenden Gondeln in 20 Minuten zu erreichen. Den Kontrast zum Naturprogramm bildet in der Stadt die zum Flanieren sehr nette Shoppingmeile **Palm Canyon Drive** (jeden Donnerstagabend **INSIDER TIPP** *Villagefest* mit Markt und Livemusik).

Via I-10 fahren Sie Richtung Osten bis zur Cottonwood Springs Road, folgen dieser weiter nach Norden und erreichen so die Wüste und den Südeingang des **Joshua Tree National Park → S. 95**. Am **Ocotillo Patch** und dem **Cholla Cactus Garden** vorbei folgen Sie dann der Queen Valley Road durch den westlichen Teil des Parks, in dem die über 12 m hohen Yuccapflanzen, denen der Park seinen Namen verdankt, wachsen.

Von ☀ **Keys View** ergibt sich noch einmal ein weiter Blick über das **Coachella Valley** bis hin zu den **San Jacinto Mountains**. Die Quail Springs Road führt aus dem 2400 km² großen Parkgelände heraus. Hwy. 62 und I-10 bringen Sie, vorbei an einer der größten Outlet-Shopping-Malls Kaliforniens in **Cabazon**, auf schnellstem Weg wieder zurück in die Zivilisation – direkt ins Zentrum von **Los Angeles**.

3 IN DIE WÜSTE: LAS VEGAS UND DAS TAL DES TODES

Ideal für Herbst, Winter oder Frühjahr: ein echtes kalifornisches Wüstenerlebnis mit einem Abstecher in die Neonmetropole Las Vegas. Dauer der Tour: fünf Tage, ca. 1000 km (600 Meilen).

Egal, ob Sie von Los Angeles kommen oder als Verlängerung von Tour 2 von Palm Springs aus aufbrechen, die SR 62 bringt Sie von der I-10 schnell ins Hochland des **Joshua Tree National Park** → S. 95 Vom Ostrand des Wüstenorts **Twentynine Palms** aus folgen Sie dann der ☀ Amboy Road mit großartigen Ausblicken über einsame, karge Bergzüge und einen weiten Salzsee nach **Amboy**. Das Drei-Häuser-Kaff ist einer der letzten ursprünglichen Orte an der legendären Route 66. Hier geht es rechts gen Osten und an der nächsten, der Kelbaker Road, links in die **Mojave National Preserve** → S. 91.

Tipp für Shoppingfans: So skurril es klingt, aber im Städtchen **Barstow**, mitten in der Wüstenei eine Fahrstunde westlich von **Baker** auf der I-15, warten zwei große Outlets mit rund 60 Markenfirmen auf Kunden. Wildwestfans können dort in der Touristen-Geisterstadt **Calico** *(tgl. 9–17 Uhr | Eintritt 8 $)* an der I-15 Gold waschen und Nostalgiefotos schießen.

Von Baker aus führt die SR 127 direkt ins **Death Valley**. Doch es wäre schade, so nah zu sein und keinen Abstecher über die Grenze in den Nachbarstaat Nevada zu unternehmen. Dort liegt nämlich, auf der I-15 keine zwei Fahrstunden entfernt, **Las Vegas**.

Zwei Tage verdient die berühmte Spielerstadt allemal – für tolle Shows oder eine durchzockte Nacht am Blackjacktisch, für feine Küche in einem der schicken, innovativen Restaurants oder für dekadentes Relaxen am Pool eines (oft verblüffend preiswerten) Kasinohotels. Tipp: Kommen Sie von Sonntag bis Donnerstag, dann sind die Hotels viel günstiger. An Wochenenden ist die Stadt vor allem im Winter teuer und oft ausgebucht.

Die Spielhöllen von Las Vegas können durchaus als sehenswertes Gesamtkunstwerk gelten: Am Las Vegas Boulevard, dem berühmten „Strip", reihen sich riesige, prachtvolle Zockerpaläste, die Kunstwelten zum Staunen darstellen. Im **Venetian**-Kasino fahren Gondeln wie in Venedig, **Treasure Island** berückt mit einer Piratenschlacht, das **Paris**-Kasino lädt zur Fahrt auf den nachgebauten Eiffelturm, vor dem **Bellagio** tanzen Wasser-

fontänen zur Musik, und im ultraschicken **Metropolitan** schmücken Lichtinstallationen die Lobby, das **Caesars Palace** gibt sich nobel-römisch und das **Luxor** mit seiner riesigen Pyramide ganz ägyptisch – inklusive Sphinx-Nachbau. Nicht zu vergessen sei die junge, aber durchaus historische **Downtown** von Las Vegas: Hier begann vor gut 80 Jahren der Spielwahn, und hier werden heute jede Nacht kostenlos auf einer gigantischen Lichterkuppel über der **Fremont Street** bunte Lightshows veranstaltet. Ausführlicher über die Stadt informiert Sie der MARCO POLO „Las Vegas".

Nach durchzockter Nacht geht es dann von Las Vegas auf dem Hwy. 95 nach Norden: vorüber an ehemaligen Atomtestsperrgebieten des US-Militär bis **Amargosa Valley** und von dort über die Hwys. 373, 127 und 190 hinein ins sonnendurchglühte **Death Valley → S. 90**. Von **Furnace Creek** im Herzen des Tals aus müssen Sie unbedingt einige Kilometer nach Süden bis **Badwater** fahren – immerhin liegt hier in einem bizarren, meist ausgetrockneten Salzsee der tiefste Punkt der westlichen Hemisphäre, 84 m unter dem Meeresspiegel.

Vorüber an den mächtigen Sanddünen von **Stovepipe Wells** führt die Route dann auf dem Hwy. 190 die Westflanke des Tals hinauf und weiter ins **Owens Valley** am Rand der Sierra Nevada. Dort verläuft die US 395 vor der dramatischen Kulisse meist schneebedeckter Gipfel nach Süden zum Hwy. 14, der zur Kleinstadt **Mojave** hin abzweigt. Von dort aus können Sie dann auf dem Hwy. 14 in einem halben Fahrtag bis **Los Angeles → S. 74**, weiterfahren oder auf dem Hwy. 58 nach **Bakersfield** und von dort weiter nach Norden zu den Nationalparks der Sierra Nevada.

Gewaltige Granitformationen so weit der Blick reicht: Joshua Tree National Park

SPORT & AKTIVITÄTEN

Strände, Berge und Seen, reißende Flüsse, sonnendurchglühte Wüsten und angenehme Temperaturen rund ums Jahr: Kalifornien hat einfach alles. Hinzu kommt eine Bevölkerung, die Fitness und Gesundheit beinahe religiös verehrt und allem Neuen positiv gegenübersteht.

Beide Komponenten zusammen haben den Golden State in ein Freizeitparadies verwandelt, in dem immer wieder neue Trendsportarten entwickelt werden – mit dem einen großen Ziel: *fun and action.* So sind die Flüsse nicht nur zum Bestaunen da, sondern auch für Kajaker und Rafter. Von Bergen und Dünen kann man per Hangglider abheben, von den Küsten aus in faszinierende Unterwasserwelten abtauchen. Gelegenheitssportler werden ebenso fündig werden wie Extremsportler. Denn in Kalifornien lautet das Motto: Schweiß kann fließen, muss aber nicht, Hauptsache, es macht Spaß!

BIKING

Kalifornien hat jedes Terrain im Angebot, von glühend heißer Wüste bis zu sauerstoffarmen Bergpässen, von kurvigen Küsten bis zu Biketouren mitten durch San Francisco. Bike-Vermietungen finden Sie überall in Städten und Ferienorten *(Preise 20–60 $ pro Tag).*
Mountainbiker sind vor allem in *San Francisco* richtig: Am Mount Tamalpais in Marin County wurde ihr dick bereifter Untersatz erfunden, und bis heute ist der 800 m hohe „Mount Tam" ein Mek-

Kalifornien setzt die Trends im Sport, Fitness ist eine Religion: ideale Bedingungen für den Aktivurlaub

ka der Bikerszene. Von San Francisco aus können Sie gut Tagestouren zum Berg und den Muir Woods unternehmen. Räder – auch Elektrobikes – sind zu mieten bei *Blazing Saddles (2715 Hyde Street | Tel 1 415 20 88 88 | www.blazingsaddles. com)*. Andere Tummelplätze der *Fat-Tire*-Gemeinde: *Mammoth Lakes* mit dem berühmten *Kamikaze Trail* und die Pässe der *High Sierra*. Bike-Verleih: *Footloose Sports (3043 Main Street | Mammoth Lakes | Tel. 1 760 9 34 24 00 | www. footloosesports.com)*.

GOLF

Allein im Umkreis der Golferhochburg *Palm Springs* gibt es über 80 Plätze, im ganzen Staat sind es Hunderte. Für legendäre Courses wie *Pebble Beach* direkt am Pazifik bei Monterey müssen Sie 300 $ Greenfee und mehr rechnen, doch auf den vielen weniger bekannten Plätzen liegen die Fees ganz vernünftig zwischen 50 $ und 100 $. Der Hotelconcierge kann Ihnen meist auch kurzfristig *tee-times* besorgen. Weitere Infos finden

Flugvergnügen: Paraglider über Kaliforniens Küste

der halbtägige ⚜ *Lassen Peak Trail* oder die Pfade am ⚜ *Mount Shasta*. Auskunft: *Pacific Crest Trail Association (1331 Garden Highway | Sacramento | Tel. 1 916 2 85 18 46 | www.pcta.org)*

PARAGLIDING

Nichts ist schöner, als in der lauen Luft Kaliforniens zu schweben – auch für Anfänger kein Problem. Zahlreiche gute Schulen bieten Kurse für Paragliding und Drachenfliegen *(hang gliding)* an. Und ganz ohne Training dürfen Sie einen **INSIDER TIPP** Tandemflug über die Santa Barbara Mountains genießen. Zu buchen bei: *Fly Above All (2707 De La Vina Street | Santa Barbara | Tel. 1 805 9 65 37 33 | www.flyaboveall.com)*. Flüge bei San Francisco organisiert das *Bay Area Hang Gliding (Info-Tel. 1 408 65 66 79 | bayareahanggliding.com)*.

RAFTING

Wer einmal mit dem Floß durch meterhohe Stromschnellen gefahren ist, weiß von jeder Menge eiskaltem Wasser zwischen Haut und Hemd, von viel Adrenalin und großartigem Teamgeist zu berichten. In Kalifornien bieten über 50 Flüsse den wilden Ritt durch schäumendes H_2O. Bei Raftern besonders beliebt: die Flüsse an der Westflanke der Sierra Nevada, so der *American River* oder der *Tuolumne River*. Den *Upper Klamath River* am Mount Shasta sollten nur erfahrene Wildwasserfans in Angriff nehmen. *American Whitewater Expeditions (Sunland | Tel. 1 800 8 25 32 05 | www.americanwhitewater.com)* organisiert Halb- bis zweitägige Flusstrips auf dem American River. Rafting auf dem *American, Stanislaus* und *Kaweah River* vermittelt *Beyond Limits Adventures (Riverbank | Tel. 1 530 6 22 05 53 | www.rivertrip.com)*.

Sie unter: *www.golfcalifornia.com* und *discovercaliforniagolf.com*.

HIKING & TREKKING

Kaliforniens wilde Natur bietet Trails für Tageswanderer wie für Extremhiker. Vor allem in den National und State Parks sind die Trails vorbildlich ausgebaut (genaue Karten haben die Visitor Centers). Der berühmteste Fernwanderweg ist der ⚜ *Pacific Crest Trail,* der von Mexiko bis Kanada dem Grat der Berge folgt. Schön sind auch Teilstücke wie etwa der hochalpine ⚜ *John Muir Trail* im Yosemite National Park. Andere Trails mit Weitblick:

REITEN

Vor allem im Norden Kaliforniens laden öfters Schilder am Straßenrand zum *trail riding* ein – auch für ungeübte Reiter. Tagesritte und längere Trecks in die Wildnis der *John Muir* und *Ansel Adams Wilderness* der High Sierra bietet die *High Sierra Pack Station (www. monohotsprings.com),* nur Ausritte in der High Sierra auch *Mammoth Lakes Pack Outfit (Mammoth Lakes | Tel. 0888 4 75 87 47 | www.mammothpack.com).*

INSIDER TIPP Schöne Ausritte in einem ruhigen Strandpark am Pazifik, dem *Salinas River State Park* etwas nördlich von Monterey organisiert *Monterey Bay Equestrian (Salinas | Tel. 1 831 6 63 57 12 | www.montereybayequestrian.com).*

SKI & SNOWBOARD

Mit durchschnittlich 18 m Schneefall pro Winter kann die Sierra Nevada wohl alle Wintersportler glücklich machen – zumal nach einigen Schneestürmen zu Winteranfang oft lange die Sonne scheint. Die beliebtesten Skigebiete sind *Squaw Valley* und *Heavenly Valley* am Lake Tahoe sowie *Mammoth Mountain* auf der Ostseite der Berge. Detailinfos: *Tel. 1 415 3 89 10 00 | californiasnow.org*

SURFEN

Surfen ist die kalifornische Sportart schlechthin: auf schlankem Brett furchtlos hohe Wellenberge hinunterzischen. Die kalifornischen Boys und Girls surfen überall dort, wo die Wellen sich gleichmäßig und der Länge nach brechen. Die bekanntesten Surfstrände Kaliforniens liegen im Süden: *Bolsa Chica State Park, Topanga State Beach,* ● *Huntington Beach, Las Tunas State Beach und Surfrider Beach, Hermosa Beach* und *Manhat-*

tan Beach. Fast überall können Sie auch Kurse nehmen und Bretter für 25–40 $ pro Tag ausleihen. Infos: *www.surfingcal. com* und *www.surfline.com*

WELLNESS

● Zwar haben die Kalifornier Yoga und Massagen nicht erfunden, doch am Wohlfühltrend der letzten Jahre sind sie führend beteiligt. Mittlerweile hat jedes Resort-Hotel auch ein Spa, in dem mit heißen Steinen massiert, mit Seetang und Wüstenkräutern gewickelt oder mit Ayurveda-Ölen und Yoga entspannt wird. Dazu sind die Hotel-Spas oft in sehenswertem Design in die Landschaft eingebettet, z. B. das *Fairmont Sonoma Mission Inn & Spa (s. S. 54)* mit eigenen Mineralquellen oder das ultraluxuriöse *Cal a vie Spa (www.cal-a-vie.com)* in Südkalifornien. Infos: *www.spafinder.com*

Auch für Ski- und Snowboardfans ist Kalifornien ein Traumziel

MIT KINDERN UNTERWEGS

Amerikaner sind kinderlieb. Die Familie ist ihnen heilig, deswegen nehmen sie sie überall mit hin. Und die Infrastruktur des Lands ist bestens auf diese Zielgruppe eingestellt.

Von den Spielkasinos in der Glitzerstadt Las Vegas einmal abgesehen, sind alle touristisch interessanten Orte auf Kinder vorbereitet. Restaurants winken mit dem *menu for kids* und die Hotels mit *kids stay for free*-Angeboten. Auch Swimmingpools, Kinderprogramme in Nationalparks und Spielplätze in Shopping-Malls machen eine Familienreise zum Vergnügen.

Planen Sie mit Kindern unbedingt mehr Zeit für eine Rundfahrt ein, unterwegs kommt man regelmäßig an Abenteuerschwimmbädern, phantasievoll gestalteten Minigolfanlagen und rekonstruierten Wildweststädtchen vorbei. Das hilft oft, die teils langen Fahrstrecken zu entschärfen. Wenn Sie auf Ihrer Reise etwas Zeit haben, sollten Sie im Schnitt nicht mehr als 150 km pro Tag einplanen.

Und dann sind da natürlich all die berühmten Vergnügungsparks, die nicht nur die Kleinen mit offenem Mund staunen lassen. *Disneyland* lockt ebenso wie *Sea World,* die Achterbahnen von *Knott's Berry Farm* oder *Six Flags Magic Mountain* und die *Universal-Filmstudios*. Kaliforniens Strände sind Tummelplätze für jede Altersgruppe, und auch die Nationalparks versprechen mit Streifenhörnchen auf den Rastplätzen und Camping unterm Sternenzelt unvergessliche Erinnerungen.

Bild: Fisherman's Wharf in San Francisco

California dreamin' für die Kleinen: Was der Golden State für sie bereithält, werden sie nie vergessen

CABLE CAR MUSEUM ●
(U E2) (⌂ e2)

Neben einer lärmenden, ruckelnden Fahrt mit dem Cable Car ist für die Kinder auch das Museum ein echtes Erlebnis: Hier im Betriebszentrum der historischen Zahnradbahn wird die über 140 Jahre alte Technologie auf sehr anschauliche und unterhaltsame Weise erklärt, und man sieht die gewaltigen Kabelrollen, die die Cable Cars antreiben, in Aktion. *April–Okt. tgl. 10–18, sonst tgl. 10–17 Uhr | Eintritt frei | 1201 Mason Street/Washington Street | www.cablecarmuseum.org*

CHILDREN'S CREATIVITY MUSEUM
(U F2) (⌂ f2)

Silicon Valley für Kids: Musik aufnehmen, Videos drehen, Computerspiele entwerfen, die Hightechstudios hier sind ganz kindgerecht gestaltet und ab 5 Jahre ein spannendes Ferienerlebnis. *Mi–So 10–16 Uhr | Eintritt 11 $ | Yerba Buena Gardens | www.creativity.org*

DER NORDEN

SIX FLAGS DISCOVERY KINGDOM
(134 A1) (*B7*)

Eine gelungene Mischung aus Vergnügungspark und Ozeanarium mit Seelöwenshows und Haibecken, mit Killerwalshows und spektakulären Achterbahnen. 50 km nördlich von San Francisco. *Im Sommer tgl. ab 10.30 Uhr | Eintritt 62 $, Kinder 43 $ | Freeway I-80/SR-37 | Vallejo | www.sixflags.com/discoverykingdom*

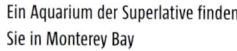

Ein Aquarium der Superlative finden Sie in Monterey Bay

ZENTRALKALIFORNIEN

GOLD WASCHEN

Für Kids eine spannende Sache: Im *gift shop* von Nevada City (133 D4) (*C6*) oder Sonora (133 E6) (*D7*) wird eine Schürfpfanne gekauft, und dann ab zum nächsten Fluss! Was da nach hinreichendem Schwenken am Boden der Pfanne glänzt, kann durchaus ein Nugget sein. Wer der eigenen Nase nicht traut, mag sich einem professionellen Veranstalter anvertrauen. Er sagt einem, wie es gemacht wird, und hat etliche spannende Geschichten auf Lager. **INSIDER TIPP** *Gold Prospecting Adventures (Kosten je nach Länge der Tour 25–150 $ | Jamestown | Tel. 1209 9844653 | www. goldprospecting.com)*

LAKE TAHOE (133 E4–5) (*D6*)

Kaliforniens schönster Bergsee ist ein ideales Aktivrevier mit Kindern. Die Palette reicht von Paddelfahrten im Kanu bis hin zu Wasserskilaufen und Parasailing. Immer ein Hit: Ausfahrten mit dem Schaufelraddampfer *Tahoe Queen*. Über die größte Auswahl an Sportgerät zur Vermietung verfügt die *Zephyr Cove Marina (Tel. 1775 5894906 | www. zephyrcove.com)*. Wer noch nie mit einem Gummifloß durch Stromschnellen gefahren ist, kann auf dem *Truckee River* erste Erfahrungen sammeln. Der Truckee, eher munter als temperamentvoll, ist ein Raftingrevier für die ganze Familie: *Truckee River Raft Rental (185 River Road | Tahoe City | Tel. 1530 5830123 | www.truckeeriverraft.com)*.

MONTEREY BAY AQUARIUM
(134 A3) (*m B8*)

Mit über 350 000 Meeresbewohnern, einem drei Stockwerke hohen Wassertank und einer phantastischen Ausstellung über Tiefseefische eine wahre Unterwassererlebniswelt. Die prominentesten Hingucker sind Haie, Barrakudas, Riesenseeschildkröten und Seeotter. *Tgl. 9.30–18, im Winter 10–17 Uhr | Eintritt 35 $, Kinder 22 $ | 886 Cannery Row | Monterey | www.montereybayaquarium.org*

SANTA CRUZ BEACH BOARDWALK
(134 A2) (*m B8*)

Ein herrlich altmodischer Vergnügungspark direkt am Strand: hölzerne Achterbahnen von 1911, Karussells, Shoppingarkaden. Nahebei liegt *Neptune's Kingdom*, ein Themenpark mit riesiger Minigolfanlage. *Im Sommer tgl. ab 11 Uhr | Eintritt frei | Hwy. 1 | Santa Cruz | www.beachboardwalk.com*

WALBEOBACHTUNGEN
(135 D6) (*m D11*)

Die Nordsüdwanderung der Grauwale findet zwischen Dezember und Mai statt. Beste Beobachtungspunkte an Land sind *Point Reyes National Seashore, Mendocino Headlands State Park, Carmel* und *Santa Barbara*. Die Zeit für Buckel- und Blauwale ist von Juni bis November. Auf Bootstouren kann man die sanften Riesen aus nächster Nähe erleben. Einige dieser Schiffe legen in Santa Barbara ab: *Condor Cruises, Sea Landing (Fahrt ab 50 $, Kinder 28 $ | 301 W Cabrillo Blvd. | Santa Barbara | Tel. 1 805 8 82 00 88)*

LOS ANGELES

PAGE MUSEUM/LA BREA TAR PITS
(138 C3) (*m E11*)

Säbelzahntiger, Ur-Löwen und Mammute ertranken einst im Teersumpf von La Brea – und sind heute lebensgroß wiederauferstanden. Im Freigelände gibt es Rekonstruktionen, im Museum selbst die Skelette. *Tgl. 9.30–17 Uhr | Eintritt 12 $, Kinder 5 $ | 5801 Wilshire Blvd. | www.tarpits.org*

SIX FLAGS MAGIC MOUNTAIN
(136 A–B4) (*m E11*)

Außerhalb, aber für Achterbahnfans die Anfahrt wert: Die jüngste Erwerbung, *X2*, ist das heißeste Baby der Achterbahntechnologie. Aber auch andere *rollercoaster* mit Namen wie *Scream, Colossus* oder *Ninja* lassen einem die Haare zu Berge stehen. Nebenan liegt *Hurricane Harbor*, ein tropischer Wasserpark mit zehn Superrutschen. Badezeug mitbringen! *Im Sommer tgl. ab 10.30 Uhr | Eintritt Magic Mountain 68 $, Kinder 43 $; Hurricane Harbor 33 $, Kinder 25 $ | Valencia | Freeway I-5, Exit Magic Mountain Parkway | www.sixflags.com*

DER SÜDEN

LEGOLAND CALIFORNIA
(136 C5–6) (*m F12*)

Der Bausteinklassiker nun auch in Kalifornien: Hier kann man das *Miniland USA* besuchen oder auf Safari durch den Lego-Dschungel gehen. Ein Superspaß – vor allem für Kleinere. *Tgl. meist 10–20, im Winter Do–Mo 10–17 Uhr | Eintritt 78 $, Kinder 68 $ | Carlsbad | Freeway I-5, Exit Cannon Road | www.legoland.com*

THE NEW CHILDREN'S MUSEUM
(136 C6) (*m F12*)

Wie sehen Tiere die Welt, wie macht man Geistermasken? Ein Museum, das Wahrnehmung, Kunst und Kinder verbindet – ein paar Englischkenntnisse helfen. *Do–Di 10–16 Uhr | Eintritt Erw. und Kinder 10 $ | 200 W Island Av. | San Diego | www.thinkplaycreate.org*

EVENTS, FESTE & MEHR

„Die Hälfte aller Verrückten lebt in 50 Meilen Umkreis von Los Angeles", stöhnte US-Präsident Harry Truman einmal. Längst nehmen's die Kalifornier als Kompliment. Viele bunte und oft auch verrückte Feste spiegeln das wider.

FEIERTAGE

1. Jan. *New Year's Day;* **3. Mo im Jan.** *Martin Luther King Jr. Day;* **3. Mo im Feb.** *President's Day;* **31. März** *Cesar Chavez Day;* **Letzter Mo im Mai** *Memorial Day;* **4. Juli** *Independence Day;* **1. Mo im Sept.** *Labor Day;* **11. Nov.** *Veteran's Day;* **4. Do/ Fr im Nov.** *Thanksgiving Day & Day after;* **25./26. Dez.** *Christmas Day und Day after*

VERANSTALTUNGEN

JANUAR

Die ▶ *Tournament of Roses Parade* in Pasadena ist mit ihren Blumenwagenumzügen Kaliforniens schönstes Neujahrsfest; anschließend folgt ein landesweit übertragenes College-Football-Spiel.

FEBRUAR

Die Chinatowns von San Francisco und L. A. feiern das ▶ *chinesische Neujahrsfest* mit Papierdrachen und Umzügen.

MÄRZ

▶ *Snowfest* in Tahoe City: Beim größten Winterkarneval Kaliforniens gibt es Schneeskulpturen, Paraden und ein Bad im eisigen Lake Tahoe.

Der ▶ *LA Marathon* in Los Angeles, begleitet von über 100 Livemusikgruppen an der Strecke, ist der erste große Marathon des Jahres. *www.lamarathon.com*

APRIL

▶ *San Francisco International Film Festival:* kommerzielles Kino und Avantgardefilme. *www.sffs.org*

Am ▶ 🌏 *Earth Day,* dem 22. April, organisieren viele Ökoorganisationen und Städte Aktionen rund um den Umweltschutz. *www.earthday.org*

Wildwest in Kalifornien: Seit knapp 100 Jahren reiten die Cowboys beim ▶ *Clovis Rodeo* im Central Valley auf wilden Stieren und Broncos.

MAI

Am 5. Mai, dem ▶ *Cinco de Mayo* feiern die mexikanischen Einwanderer mit Paraden und Mariachi-Musik ihr kulturelles Erbe – besonders farbenfroh in L. A.

▶ *Sacramento Music Festival:* Die Downtown und Old Sacramento werden zur Freilichtbühne für Jazz, Blues und Zydeco.

Auf Hunderten von Festivals feiern die Kalifornier ihren Staat – und gern auch sich selbst

▶ 🌿 *Grand Kinetic Championship:* verrücktes 3-Tage-Rennen mit selbst gebauten und rein muskelbetriebenen Fahrzeugen an Nordkaliforniens Küste. *kineticgrandchampionship.com*

JUNI

▶ *Cotton Candy* und ▶ *Country Music:* Ende des Monats können Sie beim ▶ `INSIDER TIPP` *San Diego County Fair* einen traditionellen amerikanischen Jahrmarkt erleben.

Ende des Monats feiern in San Francisco und West Hollywood die Schwulen und Lesben Amerikas mit tollen Paraden und Kostümen ihren ▶ ⭐ ● *Pride Day.*

JULI

Der ▶ *Unabhängigkeitstag am 4. Juli* wird überall mit Paraden, Feuerwerk und Musik gefeiert.

Beim ▶ *US Open of Surfing* in Huntington Beach bei Los Angeles treten Ende des Monats die besten Surfer der Welt an – vor 500 000 Fans.

AUGUST

Mit Paraden und Kulinarischem würdigt die ▶ `INSIDER TIPP` *Old Spanish Days Fiesta* die Gründer von Santa Barbara.

▶ *County Fair* in Ferndale, ein nostalgischer Jahrmarkt. *www.humboldtcounty fair.org*

SEPTEMBER

Das ▶ *Sausalito Art Festival* präsentiert Künstler aus aller Welt.

Die Creme der internationalen Jazzszene spielt auf dem ▶ *Monterey Jazz Festival.* Die Oldtimer-Fans treffen sich in San Bernardino zum ▶ *Route 66 Rendezvous. www.route-66.org*

OKTOBER

Zu ▶ *Halloween* ziehen die Kids in schrillen Kostümen durch die Nachbarschaft.

DEZEMBER

In Yachthäfen wie Newport Beach schmücken bunte Lichter die Boote zu den ▶ *Christmas Boat Parades.*

LINKS, BLOGS, APPS & MORE

LINKS

▶ www.santamonica.com, www.santabarbaraca.com Viele kalifornische Fremden-verkehrsämter bieten sehr gute Websites – hier nur zwei Beispiele – mit Videos, Blogs und Apps zum Download. Ein Blick auf die Seite des jeweiligen Visitors Bureau lohnt sich unbedingt, wenn Sie mehrere Tage in einer Stadt planen

▶ www.swellinfo.com Perfekt für Wasserfans: aktuelle Surfreports, englische Foren, Podcasts und Videos aus der Surfszene vor allem in Nordkalifornien. Dazu Kontakte für Unterkünfte und Social Media aus der Surfszene

▶ www.seeing-stars.com Wo essen die Stars, wo wohnen sie, wo wurde wann was gedreht? Auf dieser detailreichen englischen Website finden Sie garantiert Antworten auf so ziemlich alle Fragen rund um Hollywood

▶ www.marcopolo.de/kalifornien Interaktive Karte, Community und aktuelle News

VIDEOS & STREAMS

▶ on.aol.de/channel Umfangreiche Videopedia mit guter Auswahl an kurzen Filmen zu Kalifornien – gelistet unter Travel und Suchbegriff „California"

▶ www.ktvu.com Fernsehstation aus San Francisco mit vielen aktuellen Videoclips. Gut und informativ in den Bereichen Entertainment und Wine-Country, aber auch beim Sport

▶ www.hojoanaheim.com/take-a-tour/webcam Live-Webcam mit wechselnden Ansichten vom Disneyland Park in Anaheim

BLOGS & FOREN

▶ www.sfgate.com Die umfangreiche Website der größten Tageszeitung in San Francisco unterhält zahlreiche Blogs und Podcasts über Kultur und aktuelle Themen der City. Dazu gute Restaurantkritiken und Suchfunktion

▶ www.laweekly.com, www.sfweekly.com Das Neueste aus Los Angeles

**Egal, ob Sie sich vorbereiten auf Ihre Reise oder vor Ort sind:
Mit diesen Adressen finden Sie noch mehr Informationen,
Videos und Netzwerke, die Ihren Urlaub bereichern.**

bzw. San Francisco: Musik, Stars, Restaurants, regionale Politik. Zahlreiche Blogs zur Stadtszene und Musik. Auch Modetrends und Vernissagen werden angekündigt und diskutiert

▶ www.yelp.com Individuelle Bewertungen von örtlichen Nutzern von so ziemlich allem: Restaurants, Ärzte, Museen, Autowerkstätten, Hotels usw.

APPS

▶ livenation Ticketzentrale für Konzerttouren großer Stars und Hunderte von Clubs und Konzertbühnen in Kalifornien. Mit iPhone-App und Facebook-Dienst: *www.facebook.com/livenation*

◀ calparks iPhone-App zum Download mit detaillierten Beschreibungen der kalifornischen State Parks und ihrer Wanderwege

◀ opentable Sehr nützliche und umfassende Seite für Restaurantreservierungen vor allem in San Francisco und Los Angeles, auch ganz kurzfristig. Dazu Apps für iPhone, Android und Blackberry

▶ Golden Gate Park Field Guide Pfade, Tiere, Attraktionen – die vielseitige iPhone-App der Academy of Sciences zeigt alles über den Park

▶ mousewait Witzige App, die die Wartezeiten vor Attraktionen in Disneyland anzeigt. Nett als Gesprächsthema und Ideengeber beim Schlangestehen

▶ Marco Polo CityGuides San Francisco, L. A. oder Las Vegas ganz ohne Internetverbindung, Printführer und Stadtplan interaktiv entdecken

NETWORK

▶ www.usa-talk.de Privater deutscher Chatraum mit vielen Themen zu den ganzen USA wie auch zu Reisen in Kalifornien. Fotos, Tipps, Erfahrungen, Hilfe bei der Reiseplanung von anderen Community-Mitgliedern

▶ www.stumbleupon.com Social-Media-Netzwerk mit vielen Mitgliedern und kalifornischen Reisethemen – allerdings alles in Englisch

▶ www.airbnb.de Buchungszentrale für Privatunterkünfte und Homestays in vielen größeren Orten Kaliforniens zu Preisen von 40–150 $ pro Nacht

PRAKTISCHE HINWEISE

ANREISE

✈ Lufthansa fliegt in Kooperation mit United Airlines täglich nonstop von Frankfurt und München jeweils nach San Francisco und nach Los Angeles. Flugdauer: rund elf Stunden. Preis je nach Saison ca. 600–1300 Euro. Bei den meisten anderen Verbindungen müssen Sie umsteigen.

LOS ANGELES

Flüge aus Europa und von der Ostküste der USA landen auf dem *Los Angeles International Airport (LAX)*. Die Busse der Mietwagenfirmen fahren vor der Gepäckausgabe ab und bringen Sie zu den Anmietstationen außerhalb des Flughafengeländes. Die beste Busverbindung in die Stadt: *Super-Shuttle (www.supershuttle. com)*, deren Kleinbusse als Sammeltaxi zu allen gewünschten Adressen der Stadt fahren. Einstieg: Verkehrsinsel vor dem Gebäude. Hotels in Flughafennähe bieten meist eigene Shuttlebusse. Für eine wegen der weiten Entfernungen teure Taxifahrt vereinbart man am besten einen Festpreis *(flat fee)*. Anhaltspunkt: Ein Taxi nach Hollywood kostet mindestens 35 $.

SAN FRANCISCO

Flüge aus Europa und von der Ostküste landen auf dem *San Francisco International Airport (SFO)*. Wegen der Nähe zur Stadt und der mangelnden (und teuren) Parkmöglichkeiten ist es ratsam, einen Wagen erst anzumieten, wenn man Ausflüge machen oder weiterreisen will. Mehrere Kleinbus-Sammeltaxis wie z. B. *Super-Shuttle (www.supershuttle.com)* fahren an den Verkehrsinseln vor den Terminals ab und steuern für ca. 17–25 $ Fahrpreis jedes gewünschte Ziel im Stadtgebiet an. Das Taxi nach Downtown kostet ca. 35 $, die schnelle U-Bahn-Verbindung mit *Bart (www.bart.gov)* nur 8,25 $, ist jedoch wie die Stadtbusse von *SamTrans* etwas umständlich mit Gepäck.

GRÜN & FAIR REISEN

Auf Reisen können auch Sie mit einfachen Mitteln viel bewirken. Behalten Sie nicht nur die CO_2-Bilanz für Hin- und Rückflug im Hinterkopf *(www.atmosfair.de)*, sondern achten und schützen Sie auch nachhaltig Natur und Kultur im Reiseland *(www.gate-tourismus.de; www.zukunft-reisen.de; www.ecotrans.de)*. Gerade als Tourist ist es wichtig, auf Aspekte zu achten wie Naturschutz *(www.nabu.de; www.wwf.de)*, regionale Produkte, Fahrradfahren (statt Autofahren), Wassersparen und vieles mehr. Wenn Sie mehr über ökologischen Tourismus erfahren wollen: europaweit *www.oete.de*; weltweit *www.germanwatch.org*

AUSKUNFT

CALIFORNIA TOURISM

– *c/o Touristikdienst Truber | Postfach 1056 | 63809 Stockstadt/Main | Tel. 06027 40 28 20*
– *infopaket@visitcalifornia.de*
– *www.vusa-germany.de*
– *www.discoveramerica.com*
– *www.parks.ca.gov*
Selbst in den kleineren Orten Kaliforniens halten *Visitor Centers* Informations-

Von Anreise bis Zoll

Urlaub von Anfang bis Ende: die wichtigsten Adressen und Informationen für Ihre Kalifornienreise

material für die Region bereit. Bei der Anreise per Auto geben gut ausgestattete *Welcome Centers* in den Großstädten und nahe der Staatsgrenzen Auskunft. *www.visitcwc.com*

AUTO

Straßen sind in den USA eingeteilt in *County Routes, State-* und *US-Highways* bis zu *Interstate*-Autobahnen, von denen einige gebührenpflichtig sind. Die Höchstgeschwindigkeiten liegen zwischen 55 Meilen/h (88 km/h) und 70 Meilen/h (112 km/h). Verkehrsregeln und -zeichen in den USA entsprechen weitgehend den deutschen.

Besonderheiten: An Kreuzungen darf man bei Rot rechts abbiegen; der *3-way-* oder *4-way-stop,* eine Kreuzung mit Stoppzeichen aus allen Richtungen, regelt die Vorfahrt nach dem Prinzip: Wer zuerst kommt, fährt zuerst (in der Reihenfolge der Ankunft an der Stopplinie); auf mehrspurigen Straßen ist rechts überholen gestattet; halten Schulbusse am Straßenrand mit Warnblinklicht, muss der Verkehr in beiden Richtungen stoppen.

Bei Pannen hilft die *AAA (American Automobile Association).* Für Mitglieder des *ADAC, TCS* und *ÖAMTC* mit Mitgliedsausweis ist der Service *(Tel. 1800 2 22 43 57)* kostenlos.

CAMPING & JUGENDHERBERGEN

Die schönsten Campingplätze liegen in den State Parks. Reservierungen sind sieben Monate vorab möglich *(Gebühr: 8 $)* über *Reserve America (Tel. 1800*

WÄHRUNGSRECHNER

€	USD	USD	€
1	1,40	1	0,72
2	2,80	2	1,45
3	4,20	3	2,15
5	7,00	5	3,60
7	9,80	7	5,05
10	14,00	10	7,20
25	35,00	25	18,00
75	105,00	75	54,00
100	140,00	100	72,00

4 44 72 75 | *www.reserveamerica.com).* Viele Details über die einzelnen Parks sind im Internet auf der Seite des *Department of Parks and Recreation* einzusehen: *www.parks.ca.gov.*

AYH Youth Hostels sollten im Voraus reserviert werden. Die Häuser liegen häufig an ausgesprochen malerischen Orten. Auch für Familien zu empfehlen. Verzeichnis im Buchhandel oder unter *www.hiusa.org.*

DIPLOMATISCHE VERTRETUNGEN

GENERALKONSULAT DER BUNDESREPUBLIK DEUTSCHLAND

– *1960 Jackson Street* | *San Francisco* | *Tel. 1 415 7 75 10 61*

– *6222 Wilshire Blvd.* | *Suite 500* | *Los Angeles* | *Tel. 1 323 9 30 27 03* | *www.germany.info*

SCHWEIZER GENERALKONSULAT

– *456 Montgomery Street* | *Suite 1500* | *San Francisco* | *Tel. 1 415 7 88 22 72* | *www.eda.admin.ch/sf*

– 11766 Wilshire Blvd. | Suite 1400 | Los Angeles | Tel. 1 310 5 75 11 45 | www.eda.admin.ch/sf

ÖSTERREICHISCHES HONORAR- UND GENERALKONSULAT

– 580 California Street | Suite 1500 | San Francisco | Tel. 1 415 7 65 95 76
– 11859 Wilshire Blvd. | Suite 501 | Los Angeles | Tel. 1 310 4 44 93 10
– www.austrianconsulatesf.org

EINREISE

Für Deutsche, Schweizer und Österreicher ist für eine Reise von bis zu drei Monaten kein Visum nötig. Erforderlich ist jedoch der rote, maschinenlesbare Reisepass. Für neu ausgestellte Pässe sind seit Oktober 2006 auch biometrische Daten erforderlich. Neu ausgestellte Kinderpässe erfordern zudem ein Visum – besser gleich einen regulären Pass beantragen!

Vor der Reise muss sich jeder im Internet registrieren, dabei wird eine per Kreditkarte zu bezahlende Gebühr *(14 $)* fällig. Diese Registrierung gilt dann zwei Jahre lang für alle Reisen. Info: *esta.cbp.dhs.gov*. Weitere Infos: *german.germany.usembassy.gov, www.dhs.gov*

FKK

Öffentliches Nacktbaden ist im prüden Amerika verboten. Es gibt nur wenige privat geführte FKK-Strände.

GELD

Euro-Bargeld ist nur an Flughäfen und in großen Hotels zu wechseln; auch US-Banken *(werktags 10–15 Uhr)* bieten meist keine Wechseldienste an. Populärste Zahlungsmittel sind Kreditkarten (am weitesten verbreitet: Visa, Mastercard/Eurocard). Bargeld bekommen Sie mit

BÜCHER & FILME

▶ **American Graffiti** – Kultfilm von 1973 über die Rock-'n'-Roll-Generation der Sixties; gedreht in Modesto, der Heimatstadt des Regisseurs George Lucas.

▶ **Stadtgeschichten** – Armistead Maupin erzählt in seiner Buchserie humorvoll vom Leben in San Francisco.

▶ **LA Confidential – Stadt der Teufel** – Ein Thriller von James Elleroy aus der korrupten Szene von Polizei und Politik im L. A. der 1940er-Jahre, verfilmt mit Russell Crowe und Kim Basinger (1997).

▶ **Surferboy** – Anschaulich und packend erzählt Kevin McAleer in seinem 2007

erschienenen Roman von den Surfern in Kalifornien (2007).

▶ **Sideways** – Charmant widmet sich der Oscar-gekrönte Film der amerikanischen Weinkultur. Als Kulisse dient das Rebenland um Santa Barbara (2005).

▶ **Chinatown** – Roman Polanskis Klassiker von 1974, in dem Jack Nicholson als Privatdetektiv einem Wasserskandal im Owens Valley nachspürt.

▶ **Aviator** – Ein Stück kalifornische Geschichte: Leonardo di Caprio spielte 2005 den exzentrischen Flugpionier und Milliardär Howard Hughes.

EC-Karte und (vierstelliger) PIN an den meisten Geldautomaten, erkundigen Sie sich aber vorab bei Ihrer Bank nach Ihrem Limit. Reisechecks werden als Zahlungsmittel überall angenommen – Sie bekommen Bares als Wechselgeld zurück. 1 Dollar = 100 Cent. Scheine *(bills)* gibt es in den Werten 1, 5, 10, 20, 100 Dollar. Münzen *(coins)* gibt es in den Werten: *penny* (1 Cent), *nickel* (5 Cent), *dime* (10 Cent), *quarter* (25 Cent), *buck* (1 Dollar).

GESUNDHEIT

Die Notaufnahmeabteilungen der Krankenhäuser, mit *Emergency Room* außen deutlich beschildert, helfen bei akuten Notfällen weiter. Übliche Praxis: Das Personal verlangt vor der Behandlung eine Kreditkarte. Die meisten akzeptieren Mastercard und Visa. Schließen Sie in jedem Fall eine Reisekrankenversicherung ab.

INLANDSREISEVERKEHR

Die Eisenbahngesellschaft *Amtrak* bietet für 7–21 Tage einen *California Rail Pass (deutsch.amtrak.com)*. Greyhound (www.greyhound.com) ist die Überlandbuslinie mit dem dichtesten Netz. Auskünfte erteilen die Reisebüros.

INTERNET & WLAN

Als Geburtsland des Internets ist Kalifornien natürlich perfekt vernetzt. Der Internetzugang im Hotel kostet meist 8–15 $ pro Tag, oft steht aber ein kostenlos zu nutzender Computer in der Hotellobby. Für den eigenen Laptop finden Sie in vielen Hotels und Internetcafés *WLAN (WiFi, wireless network),* teils kostenlos, teils erhält man gegen Gebühr das Password beim Personal. Für 2–3 $ pro 10 Minuten sind zur E-Mail-Abfrage auch Webcomputer in Coffeeshops oder Büroläden wie *Kinko's* zu nutzen.

WAS KOSTET WIE VIEL?

Soft Drink	**0,70–2 Euro**
	für 1 Flasche Cola
Bier	**3–5 Euro**
	für 1 Glas in der Bar
Burger	**2,50–4 Euro**
	für einen Hamburger
	im Fast-Food-Lokal
Jeans	**30–45 Euro**
	für eine Levi's
Benzin	**3 Euro**
	für 1 Gallone (3,78 l)
	bleifrei
Taxi	**1,80 Euro**
	pro Meile

KLIMA

Die Sommer in Kalifornien sind trocken. Der Winter bringt den ersehnten Regen und in höheren Lagen Schnee. In San Francisco sind die Hochsommermonate wegen des häufigen Nebels kühler als die angenehmeren Monate Mai/Juni und September. Am wärmsten ist der September, wenn die Quecksilbersäule auf über 20 Grad ansteigt. Das mildere Südkalifornien verzeichnet im Winter Spitzentemperaturen zwischen 10 und 18 Grad, von Juli bis September 23 Grad und mehr. Extremwerte in der Wüste: über 50 Grad.

MASSE & GEWICHTE

1 inch = 2,54 cm
1 foot = 30,48 cm
1 yard = 91,44 cm
1 mile = 1,6 km
1 pint = 0,47 l

1 gallon = 3,79 l
1 pound = 453,6 g

Temperaturen lassen sich so umrechnen: Fahrenheit minus 32 mal 5 dividiert durch 9 ergibt Celsius: 0 °C = 32 °F, 10 °C = 50 °F, 20 °C = 68 °F, 30 °C = 86 °F, 40 °C = 104 °F

Kleidergrößen: Bei der Damenkonfektion entspricht US-Größe 4 der deutschen 34, 6 = 36, 8 = 38, 10 = 40, 12 = 42, 14 = 44. Bei den Herren ist die US-Größe 36 = 46, 38 = 48, 40 = 50, 42 = 52, 44 = 54

MIETWAGEN

PKW

Mietwagen sind erfahrungsgemäß am preisgünstigsten, wenn man sie von Deutschland aus reserviert. Zudem sind dann Einwegmieten meist ohne Aufpreis möglich. Sehr günstige Tarife für ein- und mehrwöchige Rundreisen bieten für die USA Vermittler wie *Auto Europe (Tel. (Deutschland) 0800 5 60 03 33 | www. autoeurope.de)*. Ein Preisvergleich lohnt sich auf jeden Fall. Niederlassungen der Autovermieter befinden sich an allen großen Flughäfen.

WOHNMOBIL

Reservieren Sie Ihr Wohnmobil rechtzeitig, am besten schon von Deutschland aus. Doch auch kurzfristig kann man noch Glück haben und einen Camper bekommen. *El Monte RV Rentals* mit Filialen außerhalb von Los Angeles und San Francisco bietet *RVs (recreation vehicle)* von 700 $ pro Woche an aufwärts. Die Ne-

WETTER IN SAN FRANCISCO

	Jan.	Feb.	März	April	Mai	Juni	Juli	Aug.	Sept.	Okt.	Nov.	Dez.
Tagestemperaturen in °C	13	15	16	17	17	18	18	18	20	20	18	14
Nachttemperaturen in °C	7	8	9	10	11	12	12	12	13	12	10	8
Sonnenschein Stunden/Tag	5	7	8	9	10	11	9	8	9	8	6	5
Niederschlag Tage/Monat	8	7	8	6	2	1	0	0	0	2	7	8
Wassertemperaturen in °C	11	11	12	12	13	14	15	15	16	15	13	11

bensaisonpreise liegen teils 40 Prozent niedriger. Buchung über die Reisebüros oder unter *www.elmonterv.com*.

NOTRUF

Die *Notrufnummer* für Polizei und medizinische Notfälle ist *911*, von Münzfernsprechern kostenlos.

POST

Die meisten Postämter sind Mo–Fr 9–17, manche auch Sa 9–12 Uhr geöffnet. Briefmarken erhalten Sie auch in *drugstores*. Das Porto für Luftpostbrief und -postkarte nach Europa beträgt je 1,10 $.

STEUER

Die Verkaufssteuer beträgt je nach Region 7,5–10 Prozent. Achtung: Diese *sales tax* wird erst an der Kasse hinzugerechnet, ist also auf Speisekarten und Preisschildern noch nicht berücksichtigt. Im Hotel wird teils eine Übernachtungssteuer von einigen Prozent aufgeschlagen.

STROM

110 Volt/60 Hertz. Kleingeräte (Rasierapparat, Föhn) funktionieren auch mit dieser Spannung. Man benötigt jedoch Adapter für die Steckdosen.

TELEFON & HANDY

Innerhalb der USA: für Ferngespräche im Land die 1 vor der Vorwahl *(area code)* mitwählen, für Ortsgespräche die 1 weglassen. Der Operator (man wählt die Nummer 0) hilft beim R-Gespräch *(collect call)* innerhalb der USA und bei allen Fragen. Gebührenfrei: alle Nummern mit den Vorwahlen 1 800, 1 888, 1 866 und 1 877. Mietwagenfirmen, Fluggesellschaften und Hotelketten bieten diesen Service für Reservierungen an.

Vorwahl aus den USA nach Deutschland: 01149, Österreich: 01143, Schweiz: 01141; danach die Ortsvorwahl ohne 0.

In öffentlichen Telefonzellen kostet ein Gespräch 25–50 Cent. Hotels verlangen bis zu 1 $ und mehr für eine Einheit.

Tri- und Quad-Band-Handys funktionieren auch in Kalifornien – aber gegen einen Roaming-Aufpreis von bis zu 2 Euro pro Minute. Preiswerter sind für Anrufe von Telefonzellen und im Hotel die an Tankstellen und kleinen Märkten erhältlichen *prepaid phone cards*.

TRINKGELD

In den Restaurantpreisen ist kein Bedienungsgeld enthalten. Kellner bekommen daher 15–20 Prozent Trinkgeld *(tip)* vom Endpreis. In Hotels rechnen die Gepäckträger *(bell boys)* mit mindestens 1 $ pro Gepäckstück. Und vergessen Sie das Zimmermädchen nicht!

ZEIT

Pacific Standard Time (PST): mitteleuropäische Zeit *(MEZ)* minus neun Stunden. Sommerzeit gilt von Mitte März bis Anfang November.

ZOLL

Zollfrei sind die persönliche Ausrüstung, 200 Zigaretten, 1 l Spirituosen und Geschenke im Wert bis 400 $. Die Einfuhr von Lebensmitteln ist beschränkt (keine Wurst, frisches Obst oder frische pflanzliche Produkte, auch nicht als Reiseproviant). Zurück in die EU dürfen Sie pro Person zollfrei einführen: 1 l Spirituosen oder 2 l Wein, 200 Zigaretten, 50 g Parfüm und sonstige Waren im Gesamtwert von 430 Euro.

SPRACHFÜHRER ENGLISCH

AUSSPRACHE

Zur Erleichterung der Aussprache sind alle Begriffe und Wendungen mit einer einfachen Umschrift in eckigen Klammern versehen. Folgende Zeichen sind Sonderzeichen:

θ   wie [s], gesprochen nur mit der Zungenspitze zwischen den Zähnen

ə   nur angedeutetes „e" wie am Ende von „Bitte", immer ohne Betonung

'   Betonung liegt auf der folgenden Silbe

AUF EINEN BLICK

ja/nein/vielleicht	yes [jess]/no [nou]/maybe ['meybih]
bitte/danke	please [plihs]/thank you ['θänkju]
Entschuldige!	Sorry! [ssorri]
Entschuldigen Sie!	Excuse me, please! [iks'kjuhs mih, plihs]
Darf ich ...?	May I ...? [mey ai?]
Wie bitte?	Pardon? ['pahdn?]
Ich möchte .../	I'd like to ... [aid laik tu ...]/
Haben Sie ...?	Do you have ...? [dju häf ...]
Wie viel kostet ...?	How much is ...? ['hau matsch is ...]
Das gefällt mir/nicht.	I love it. [ai laf it]/I don't like it. [ai dount laik it]
gut/schlecht	good [gud]/bad [bäd]
kaputt/funktioniert nicht	broken/doesn't work [broukən/dasnt wöək]
(zu) viel/wenig	(too) much [(tuh) matsch]/(too) little [(tuh) litl]
Hilfe!/Achtung!/Vorsicht!	Help! [hälp]/Watch out! [watsch aut]/ Caution! [kahschn]
Krankenwagen/Notarzt	ambulance ['ämbjulənz]/paramedics [pärə'mediks]
Polizei/Feuerwehr	police [po'lihs]/fire department [faiə depahtment]
Gefahr/gefährlich	danger ['deyndschə]/dangerous ['deyndschərəs]

BEGRÜSSUNG UND ABSCHIED

Gute(n) Morgen!/Tag!/ Abend!/Nacht!	Good morning! [gud 'moəning]/day! [dey]/ evening! ['ifning]/night! [nait]
Hallo!/Auf Wiedersehen!	Hi! [hai]/(Good) Bye! [(gud) bai]
Tschüss!	See you! [ssih juh]
Ich heiße ...	I'm ... [aim ...]/My name is ... [mai 'näims ...]
Wie heißt du/heißen Sie?	What's your name? [wots joə 'näim]
Ich komme aus ...	I'm from ... [aim from ...]

Do you speak American English?

„Sprichst du Englisch?" Dieser Sprachführer hilft Ihnen, die wichtigsten Wörter und Sätze auf Englisch zu sagen

DATUMS- UND ZEITANGABEN

Montag/Dienstag	Monday ['mandey]/Tuesday ['tjuhsdey]
Mittwoch/Donnerstag	Wednesday ['wensdey]/Thursday ['θöəsdey]
Freitag/Samstag	Friday ['fraidey]/Saturday ['ssätədey]
Sonntag/Feiertag	Sunday ['ssandey]/holiday ['holidey]
heute/morgen/gestern	today [tə'dey]/tomorrow [tə'morou]/yesterday ['jestədey]
Stunde/Minute	hour ['auə]/minute ['minit]
Tag/Nacht/Woche	day [dey]/night [nait]/week [wihk]
Wie viel Uhr ist es?	What time is it? [wət 'taim is it]
Es ist drei Uhr.	It's three o'clock. [its ərih əklok]

UNTERWEGS

offen/geschlossen	open [oupən]/closed [klousd]
Eingang/Ausgang	entrance ['entrənts]/exit ['eksit]
Ankunft/Abflug	arrival [ə'raiwl]/departure [di'pahtschə]
Toiletten/Damen/Herren	restrooms ['restruhms]/ladies [leydihs]/men [men]
(kein) Trinkwasser	(no) drinking water [(nou) drinkin wohtə]
Wo ist ...?/Wo sind ...?	Where is ...? [weə is ...]/Where are ...? [weə ah ...]
links/rechts	left [läft]/right [rait]
geradeaus/zurück	straight ahead [sstreyt ə'hed]/back [bäk]
nah/weit	close [klous]/far [fah]
Taxi	Taxi [taksi]/cab [käb]
Bushaltestelle/Taxistand	bus stop [bass sstop]/cab stand [käb sständ]
Parkplatz/Parkhaus	parking lot ['pahkin lot]/parking garage ['pahkin ga'rahsch]
Stadtplan/Landkarte	city map ['ssiti mäp]/road map [roud mäp]
Bahnhof/Hafen	train station [treyn ssteyschn]/harbor ['hahbə]
Flughafen	airport ['eahpoət]
Fahrplan/Fahrschein	timetable [taimteybl]/ticket ['tiket]
Zuschlag	additional fare [ə'dischənəl fəah]
einfach/hin und zurück	one way [wan wey]/round trip [raund trip]
Ich möchte ... mieten.	I want to rent ... [ai wont tu rent ...]
ein Auto/ein Fahrrad	a car [ə kah]/a bike [ə baik]
ein Boot	a boat [ə bout]
ein Wohnmobil	a motorhome [ə 'moutəhoum]/RV (recreational vehicle) [ar'wih]
Tankstelle	gas station [gäss ssteyschn]
Benzin/Diesel	gas [gäss]/diesel [dihsl]
Panne/Werkstatt	breakdown ['breykdaun]/repair shop [ri'peə schop]

ESSEN UND TRINKEN

Reservieren Sie uns bitte für heute Abend einen Tisch für vier Personen.	Would you please make a reservation for a table of four for tonight? [wud ju plihs meyk ə 'resəveyschən foa ə 'teybl əf 'foə foh tunait]
Die Speisekarte, bitte.	The menu, please. [ðe menju plihs]
Könnte ich ... haben?	Could I please have ...? [kud ai plihs häf ...]
Vegetarier(in)/Allergie	vegetarian [wedsche'tərian]/allergy ['älədschi]
Ich möchte zahlen, bitte.	Could I have the check, please? [kud ai häf ðə tschek plihs]

EINKAUFEN

Wo finde ich ...?	Where would I find ...? ['weə wud ai 'faind ...]
Ich möchte .../ Ich suche ...	I'd like ... [aid laik ...]/ I'm looking for ... [aim luking foə ...]
Apotheke/Drogerie	pharmacy ['fahməssi]/drugstore ['dragstoə]
Einkaufszentrum	shopping center ['schopping 'ssentə]
teuer/billig/Preis	expensive [iks'penssif]/cheap [tschihp]/price [praiss]
mehr/weniger	more [moə]/less [less]
aus biologischem Anbau	organically grown [or'gänikəli groun]

ÜBERNACHTEN

Ich habe ein Zimmer reserviert.	I've reserved a room. [aif ri'söəvd ə ruhm]
Haben Sie noch ein ...?	Do you still have a ...? [du ju sstil häf ə]
Einzelzimmer	single room [ssingl ruhm]
Doppelzimmer	room for two [ruhm foə tuh]
(Wohnmobil-)Stellplatz	stall [sstal]/space [sspeyss]
Frühstück/Halbpension	breakfast ['brekfəst]/European plan [juro'piən plän]
Vollpension	American plan [ə'märikan plän]/full board [ful boərd]
zum Meer/zum See	oceanfront [ouschnfrant]/lakefront [leykfrant]
Dusche/Bad	shower [schauə]/sit down bath [ssit daun bäə]
Balkon/Terrasse	balcony ['bälkoni]/terrasse ['terəss]
Schlüssel/Zimmerkarte	key [kih]/room access card [ruhm 'äksess kard]
Gepäck/Koffer/Tasche	luggage ['lagitsch]/suitcase ['ssuhtkeys]/bag [bäg]

BANKEN UND GELD

Bank/Geldautomat	bank [bänk]/ATM [ey ti em]
Geheimzahl	pin code [pin koud]
Ich möchte ... Euro wechseln.	I'd like to change ... Euro. [aid laik tə tscheynsch ... jurou]
bar/Kreditkarte	cash [käsch]/credit card [kredit kard]
Banknote/Münze	bill [bil]/coin [koin]

GESUNDHEIT

Arzt/Zahnarzt/ Kinderarzt	doctor ['doktə]/dentist ['dentist]/ pediatrician [pedia'trischən]
Krankenhaus/ Notfallpraxis	hospital ['hospitl]/ emergency clinic [i'mertschənsi 'klinik]
Fieber/Schmerzen	feaver [fihvə]/pain [peyn]
Durchfall/Übelkeit	diarrhea [daiə'ria]/sickness ['ssikness]
Sonnenbrand/-stich	sunburn ['ssanbörn]/sunstroke ['ssanstrouk]
Rezept	prescription [prəs'kripschən]
Schmerzmittel/Tablette	pain killer [peyn kilə]/pill [pill]

TELEKOMMUNIKATION & MEDIEN

Briefmarke/Brief	stamp [sstämp]/letter ['lettə]
Postkarte	postcard ['poustkahd]
Ich brauche eine Telefonkarte für Ferngespräche.	I need a phone card for long distance calls. [ai nihd ə foun kahd for long disstants kahls]
Ich suche eine Prepaid-Karte für mein Handy.	I'm looking for a prepaid-card for my cell phone. [aim luking foə a foun kahd foə mai ssell foun]
Wo finde ich einen Internetzugang?	Is there internet access here somewhere? [is θea 'internet 'äksess hiə 'ssamweə]
Brauche ich eine spezielle Vorwahl?	Do I need a special area code? [duh ai nihd a 'speschəl äəra koud]
Steckdose/Adapter/ Ladegerät	wall plug [wahl plag]/adapter [ə'däptə]/ charger [tschatschə]
Computer/Batterie/Akku/ WLAN	computer/battery/rechargable battery['bäteri] [re'tschahtschablə bäteri]/Wi-Fi ['waifai]

FREIZEIT, SPORT UND STRAND

Strand	beach [bihtsch]
Sonnenschirm/Liegestuhl	sun shade ['ssan scheyd]/beach chair [bihtsch tschea]
Fahrrad-/Mofa-Verleih	bike ['baik]/scooter rental ['skuhtə rentəl]
Vermietladen	rental shop [rentəl schop]
Übungsstunde	lesson ['lessən]

ZAHLEN

1/2	a/one half [ə/wan 'hahf]	200	two hundred ['tuh 'handrəd]
1/4	a/one quarter [ə/wan 'kwohtə]	1000	(one) thousand [('wan) θausənd]
10	ten [tän]	2000	two thousand ['tuh θausənd]
20	twenty ['twänti]	5000	five thousand [faiw θausənd]
100	(one) hundred [('wan) 'handrəd]	10 000	ten thousand ['tän θausənd]

EIGENE NOTIZEN

MARCO POLO

Unser Urlaub

Web • Apps • eBooks

Die smarte Art zu reisen

Jetzt informieren unter:

www.marcopolo.de/digital

Individuelle Reiseplanung,
interaktive Karten, Insider-Tipps.
Immer, überall, aktuell.

REISEATLAS

Die grüne Linie ▬▬ zeichnet den Verlauf der Ausflüge & Touren nach
Die blaue Linie ▬▬ zeichnet den Verlauf der Perfekten Route nach

Der Gesamtverlauf aller Touren ist auch in der
herausnehmbaren Faltkarte eingetragen

Bild: Küste bei La Jolla, San Diego

Unterwegs in Kalifornien

Die Seiteneinteilung für den Reiseatlas finden Sie auf
dem hinteren Umschlag dieses Reiseführers

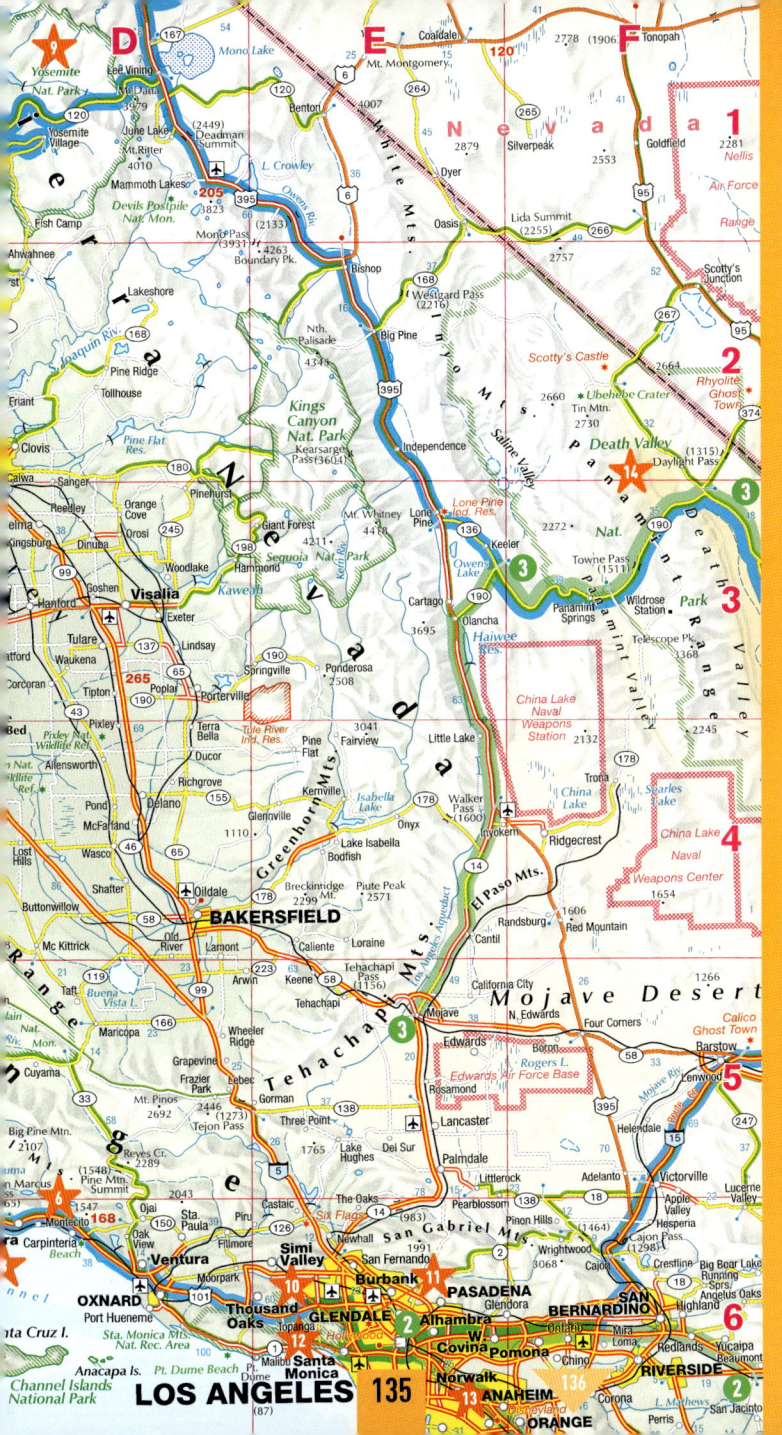

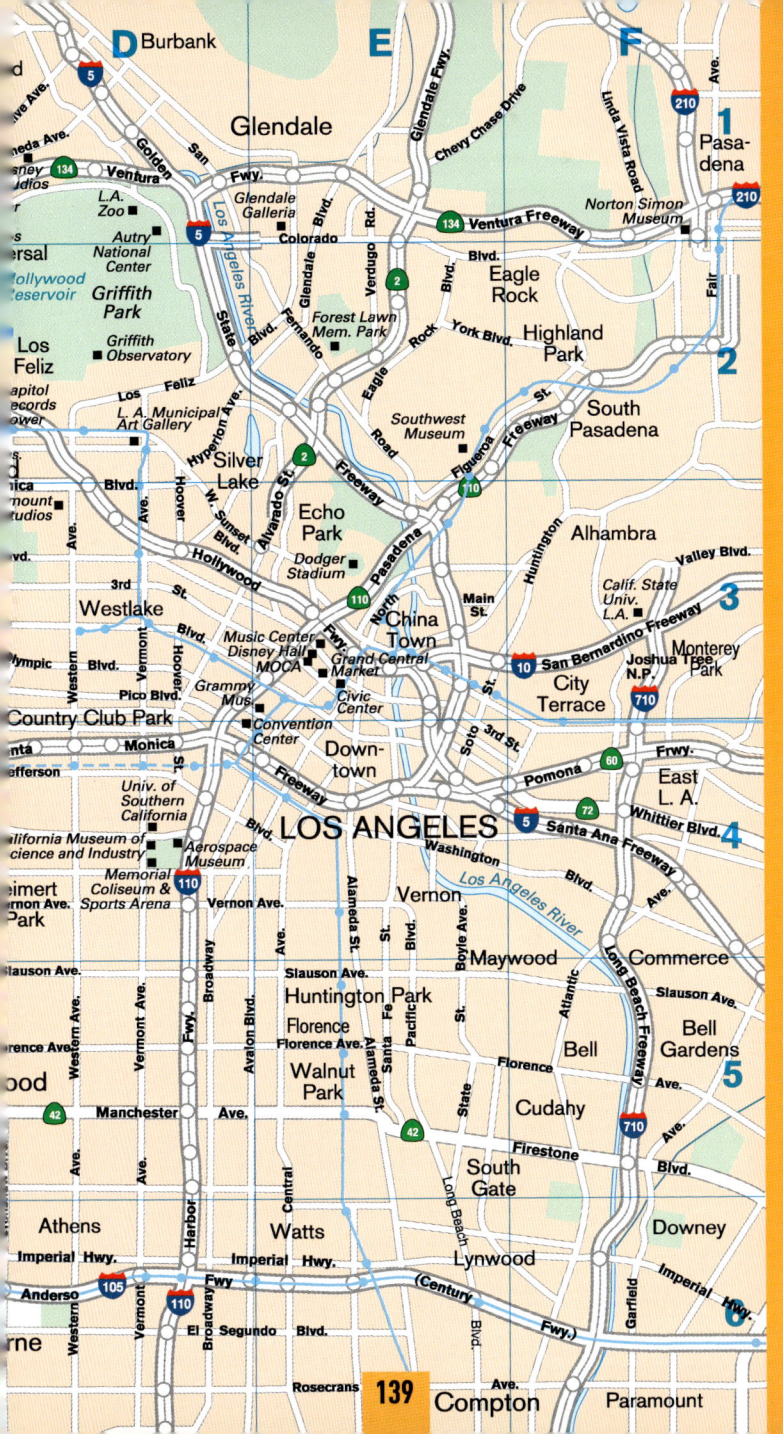

KARTENLEGENDE

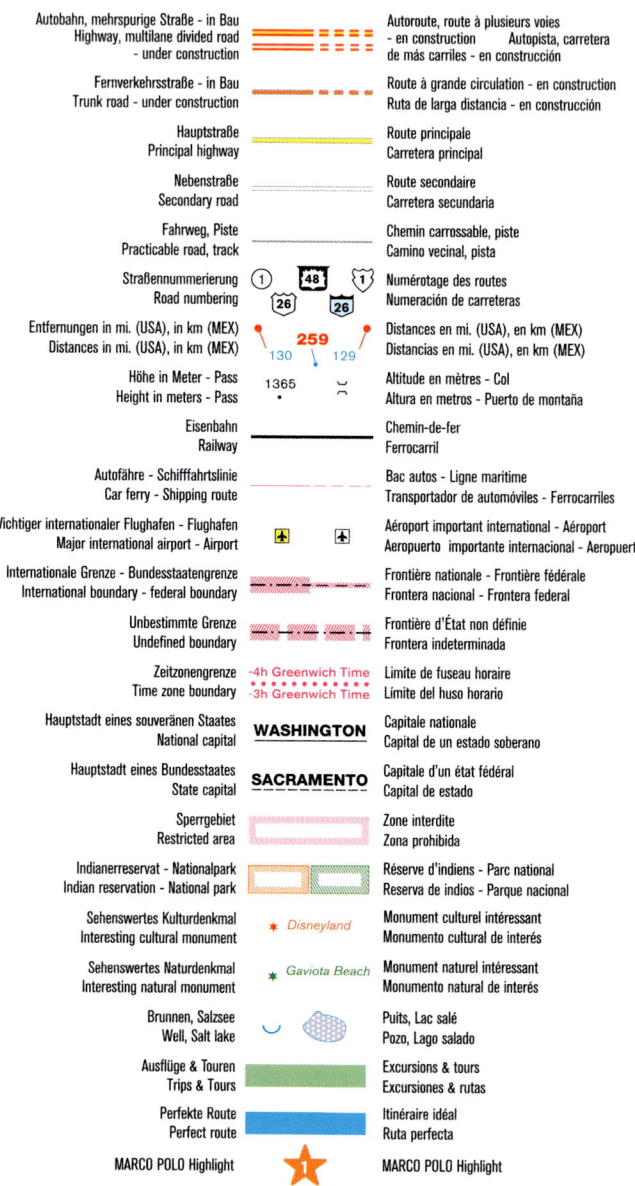

Autobahn, mehrspurige Straße - in Bau
Highway, multilane divided road - under construction
Autoroute, route à plusieurs voies - en construction   Autopista, carretera de más carriles - en construcción

Fernverkehrsstraße - in Bau
Trunk road - under construction
Route à grande circulation - en construction
Ruta de larga distancia - en construcción

Hauptstraße
Principal highway
Route principale
Carretera principal

Nebenstraße
Secondary road
Route secondaire
Carretera secundaria

Fahrweg, Piste
Practicable road, track
Chemin carrossable, piste
Camino vecinal, pista

Straßennummerierung
Road numbering
Numérotage des routes
Numeración de carreteras

Entfernungen in mi. (USA), in km (MEX)
Distances in mi. (USA), in km (MEX)
Distances en mi. (USA), en km (MEX)
Distancias en mi. (USA), en km (MEX)

Höhe in Meter - Pass
Height in meters - Pass
Altitude en mètres - Col
Altura en metros - Puerto de montaña

Eisenbahn
Railway
Chemin-de-fer
Ferrocarril

Autofähre - Schifffahrtslinie
Car ferry - Shipping route
Bac autos - Ligne maritime
Transportador de automóviles - Ferrocarriles

Wichtiger internationaler Flughafen - Flughafen
Major international airport - Airport
Aéroport important international - Aéroport
Aeropuerto importante internacional - Aeropuerto

Internationale Grenze - Bundesstaatengrenze
International boundary - federal boundary
Frontière nationale - Frontière fédérale
Frontera nacional - Frontera federal

Unbestimmte Grenze
Undefined boundary
Frontière d'État non définie
Frontera indeterminada

Zeitzonengrenze
Time zone boundary
Limite de fuseau horaire
Límite del huso horario

Hauptstadt eines souveränen Staates
National capital
WASHINGTON
Capitale nationale
Capital de un estado soberano

Hauptstadt eines Bundesstaates
State capital
SACRAMENTO
Capitale d'un état fédéral
Capital de estado

Sperrgebiet
Restricted area
Zone interdite
Zona prohibida

Indianerreservat - Nationalpark
Indian reservation - National park
Réserve d'indiens - Parc national
Reserva de indios - Parque nacional

Sehenswertes Kulturdenkmal
Interesting cultural monument
Disneyland
Monument culturel intéressant
Monumento cultural de interés

Sehenswertes Naturdenkmal
Interesting natural monument
Gaviota Beach
Monument naturel intéressant
Monumento natural de interés

Brunnen, Salzsee
Well, Salt lake
Puits, Lac salé
Pozo, Lago salado

Ausflüge & Touren
Trips & Tours
Excursions & tours
Excursiones & rutas

Perfekte Route
Perfect route
Itinéraire idéal
Ruta perfecta

MARCO POLO Highlight
MARCO POLO Highlight

ALLE **MARCO POLO** REISEFÜHRER

DEUTSCHLAND

Allgäu
Bayerischer Wald
Berlin
Bodensee
Chiemgau/
  Berchtesgadener
  Land
Dresden/
  Sächsische
  Schweiz
Düsseldorf
Eifel
Erzgebirge/
  Vogtland
Föhr/Amrum
Franken
Frankfurt
Hamburg
Harz
Heidelberg
Köln
Lausitz/
  Spreewald/
  Zittauer Gebirge
Leipzig
Lüneburger Heide/
  Wendland
Mecklenburgische
  Seenplatte
Mosel
München
Nordseeküste
  Schleswig-
  Holstein
Oberbayern
Ostfriesische Inseln
Ostfriesland/
  Nordseeküste
  Niedersachsen/
  Helgoland
Ostseeküste
  Mecklenburg-
  Vorpommern
Ostseeküste
  Schleswig-
  Holstein
Pfalz
Potsdam
Rheingau/
  Wiesbaden
Rügen/Hiddensee/
  Stralsund
Ruhrgebiet
Sauerland
Schwarzwald
Stuttgart
Sylt
Thüringen
Usedom
Weimar

ÖSTERREICH SCHWEIZ

Berner Oberland/
  Bern
Kärnten
Österreich
Salzburger Land
Schweiz

Steiermark
Tessin
Tirol
Wien
Zürich

FRANKREICH

Bretagne
Burgund
Côte d'Azur/
  Monaco
Elsass
Frankreich
Französische
  Atlantikküste
Korsika
Languedoc-
  Roussillon
Loire-Tal
Nizza/Antibes/
  Cannes/Monaco
Normandie
Paris
Provence

ITALIEN MALTA

Apulien
Dolomiten
Elba/Toskanischer
  Archipel
Emilia-Romagna
Florenz
Gardasee
Golf von Neapel
Ischia
Italien
Italienische Adria
Italien Nord
Italien Süd
Kalabrien
Ligurien/Cinque
  Terre
Mailand/
  Lombardei
Malta/Gozo
Oberital. Seen
Piemont/Turin
Rom
Sardinien
Sizilien/Liparische
  Inseln
Südtirol
Toskana
Umbrien
Venedig
Venetien/Friaul

SPANIEN PORTUGAL

Algarve
Andalusien
Barcelona
Baskenland/
  Bilbao
Costa Blanca
Costa Brava
Costa del Sol/
  Granada

Fuerteventura
Gran Canaria
Ibiza/Formentera
Jakobsweg/
  Spanien
La Gomera/
  El Hierro
Lanzarote
La Palma
Lissabon
Madeira
Madrid
Mallorca
Menorca
Portugal
Spanien
Teneriffa

NORDEUROPA

Bornholm
Dänemark
Finnland
Island
Kopenhagen
Norwegen
Oslo
Schweden
Stockholm
Südschweden

WESTEUROPA BENELUX

Amsterdam
Brüssel
Cornwall und
  Südengland
Dublin
Edinburgh
England
Flandern
Irland
Kanalinseln
London
Luxemburg
Niederlande
Niederländische
  Küste
Schottland

OSTEUROPA

Baltikum
Budapest
Danzig
Krakau
Masurische Seen
Moskau
Plattensee
Polen
Polnische
  Ostseeküste/
  Danzig
Prag
Slowakei
St. Petersburg
Tallinn
Tschechien
Ukraine
Ungarn
Warschau

SÜDOSTEUROPA

Bulgarien
Bulgarische
  Schwarzmeer-
  küste
Kroatische Küste/
  Dalmatien
Kroatische Küste/
  Istrien/Kvarner
Montenegro
Rumänien
Slowenien

GRIECHENLAND TÜRKEI ZYPERN

Athen
Chalkidiki/
  Thessaloniki
Griechenland
  Festland
Griechische Inseln/
  Ägäis
Istanbul
Korfu
Kos
Kreta
Peloponnes
Rhodos
Samos
Santorin
Türkei
Türkische Südküste
Türkische Westküste
Zákinthos/Itháki/
  Kefalloniá/Léfkas
Zypern

NORDAMERIKA

Alaska
Chicago und
  die Großen Seen
Florida
Hawai`i
Kalifornien
Kanada
Kanada Ost
Kanada West
Las Vegas
Los Angeles
New York
San Francisco
USA
USA Ost
USA Südstaaten/
  New Orleans
USA Südwest
USA West
Washington D.C.

MITTEL- UND SÜDAMERIKA

Argentinien
Brasilien
Chile
Costa Rica
Dominikanische
  Republik

Jamaika
Karibik/
  Große Antillen
Karibik/
  Kleine Antillen
Kuba
Mexiko
Peru/Bolivien
Venezuela
Yucatán

AFRIKA UND VORDERER ORIENT

Ägypten
Djerba/
  Südtunesien
Dubai
Israel
Jordanien
Kapstadt/
  Wine Lands/
  Garden Route
Kapverdische
  Inseln
Kenia
Marokko
Namibia
Rotes Meer/Sinai
Südafrika
Tansania/
  Sansibar
Tunesien
Vereinigte
  Arabische
  Emirate

ASIEN

Bali/Lombok/Gilis
Bangkok
China
Hongkong/Macau
Indien
Indien/Der Süden
Japan
Kambodscha
Ko Samui/
  Ko Phangan
Krabi/Ko Phi Phi/
  Ko Lanta
Malaysia
Nepal
Peking
Philippinen
Phuket
Shanghai
Singapur
Sri Lanka
Thailand
Tokio
Vietnam

INDISCHER OZEAN UND PAZIFIK

Australien
Malediven
Mauritius
Neuseeland
Seychellen

REGISTER

In diesem Register sind alle im Reiseführer erwähnten Orte und Ausflugsziele aufge-
führt. Gefettete Seitenzahlen verweisen auf den Haupteintrag.

SCHREIBEN SIE UNS!

Egal, was Ihnen Tolles im Urlaub begegnet oder Ihnen auf der Seele brennt, lassen Sie es uns wissen! Ob Lob, Kritik oder Ihr ganz persönlicher Tipp – die MARCO POLO Redaktion freut sich auf Ihre Infos.

Wir setzen alles dran, Ihnen möglichst aktuelle Informationen mit auf die Reise zu geben. Dennoch schleichen sich manchmal Fehler ein – trotz gründ-

licher Recherche unserer Autoren/innen. Sie haben sicherlich Verständnis, dass der Verlag dafür keine Haftung übernehmen kann.

MARCO POLO Redaktion
MAIRDUMONT
Postfach 31 51
73751 Ostfildern
info@marcopolo.de

IMPRESSUM

Titelbild: Uferpromenade von Santa Barbara (Look: age fototstock)

Fotos: 111 Minna Gallery: Daniel Kokin (17 u.); W. Dieterich (28, 30 l., 30 r., 38, 43, 48, 61, 62, 67, 69, 93, 110/111, 117, 130/131); DuMont Bildarchiv: Heeb (2 u., 3 o., 5, 9, 29, 44/45, 46, 52, 56/57, 94), Piepenburg (15, 26 l., 55, 64, 104/105); Huber: Giovanni Simeone (Klappe l., 12/13, 34, 100/101, 106/107), Ripani (73); © iStockphoto.com: Polina Yun (17 o.), Sibel A Roberts (16 u.); Laif/Aurora: Benson (2 o., 4), Bigelow (108), Dahnoun (109), Emmler (3 u.), Flores (85); Laif: Artz (83), Aurora (116 o.), Grandadam (102), Heeb (10/11, 37, 51, 97, 112), hemis. fr (98, 115), Modrow (41, 114/115); Look: age footstock (1 o., 80), Martini (79); mauritius images/imagebroker: Jspix (20), Rudi Sebastian (7), Siebert (70), Szönyi (58); mauritius images: AGE (74/75), Alamy (16 o.), FreshFood (24/25), Kinne (76/77), Pigneter (2 M. u., 27, 32/33), Schön (3 M., 86/87), Vidler (88, 114), Weber (28/29); Adrienne Nunez (16 M.); T. Stankiewicz (Klappe r., 2 M. o., 6, 8, 91, 116 u.); K. Teuschl (1 u.); vario images/imagebroker (23); vario images: Design Pics (26 r.), NordicPhotos (18/19)

14. überarbeitete Auflage 2014

© MAIRDUMONT GmbH & Co. KG, Ostfildern

Chefredaktion: Marion Zorn

Autor: Karl Teuschl

Redaktion: Marlis v. Hessert-Fraatz; Verlagsredaktion: Ann-Katrin Kutzner, Nikolai Michaelis, Martin Silbermann

Prozessmanagement Redaktion: Verena Weinkauf

Bildredaktion: Gabriele Forst

Im Trend: wunder media, München; Kartografie Reiseatlas: © MAIRDUMONT, Ostfildern; Kartografie Faltkarte: © MAIRDUMONT, Ostfildern

Innengestaltung: milchhof:atelier, Berlin; Titel, S. 1, Titel Faltkarte: factor product münchen

Sprachführer: in Zusammenarbeit mit Ernst Klett Sprachen GmbH, Stuttgart, Redaktion PONS Wörterbücher

Das Werk einschließlich aller seiner Teile ist urheberrechtlich geschützt. Jede urheberrechtsrelevante Verwertung ist ohne Zustimmung des Verlags unzulässig und strafbar. Das gilt insbesondere für Vervielfältigungen, Übersetzungen, Nachahmungen, Mikroverfilmungen und die Einspeicherung und Verarbeitung in elektronischen Systemen.

Printed in China.

MIX
Paper from responsible sources
FSC® C021256
FSC
www.fsc.org

BLOSS NICHT ☝

Zu guter Letzt einige Dinge, die Sie meiden sollten

WICHTIGE DINGE FALSCH EINSCHÄTZEN

Zu viel Sonne kann Ihnen leicht die Urlaubsfreude verderben. Vorsicht besonders in den vielen Gebieten, die 1000 m und mehr über dem Meeresspiegel liegen, und erst recht in der sengenden Hitze des Death Valley. Auch eine falsch berechnete Distanz kann Verdruss bringen. Die Reise lässt sich genauer einschätzen, wenn Sie stets daran denken, dass eine Meile 1,6 km entspricht und der Verkehr in Amerika langsamer fließt als in Deutschland.

DEM JETLAG NACHGEBEN

Die Zeitverschiebung von neun Stunden zwischen Deutschland und Kalifornien kompensiert man innerhalb von drei Tagen. Nach der Ankunft empfiehlt es sich, mit einem Spaziergang und frischer Luft gegen die übliche Bettschwere anzukämpfen und erst gegen 21 Uhr ins Bett zu gehen. Dem Jetlag beugen Flugerfahrene schon während der Reise vor: mit größeren Mengen Mineralwasser.

DEN VERKEHR UNTERSCHÄTZEN

Fahren Sie während der Rushhour in Los Angeles auf keinem *freeway*. Von 8 bis 10 Uhr und von 16 bis 18 Uhr sind die Autobahnen ein einziger Stau. Außerdem ist es ratsam, nicht an einem nebligen Tag nach Malibu oder bei Smog auf den Mulholland Drive oberhalb von Hollywood zu fahren.

LEICHTSINNIG SEIN

Meiden Sie möglichst nachts die Stadtteile, die für ihre Kriminalität berüchtigt sind (Los Angeles: South Central L. A., Watts, Teile von West Hollywood und Venice Beach; San Francisco: alle Parks, Tenderloin und das Viertel nahe Candlestick Park).

WANDERWEGE VERLASSEN

Denken Sie daran, dass Sie sich in der weiten Natur schnell verirren können. Bleiben Sie auf den vorgeschriebenen Wegen, und vergessen Sie nicht, Namen, Uhrzeit und geschätzte Zielzeit am Startpunkt *(trailhead)* zu hinterlassen. So geben Sie den zuständigen Rangern die Möglichkeit, nach Ihnen zu suchen, falls Sie nicht rechtzeitig aus der Wildnis zurückgekehrt sind.

DEN PASS IM HOTEL LASSEN

Nicht weil er dort geklaut würde, sondern weil Sie häufig das Dokument brauchen: Mal fragt die Dame an der Kasse beim Einlösen von Reiseschecks nach der „ID" *(identification),* mal der Barmann in der Kneipe, mal der Tankwart beim Kauf von Zigaretten oder Alkohol. Ohne „ID" geht nichts.

ALKOHOL AM STEUER

Die gesetzliche Promillegrenze beträgt 0,8. Dennoch sollten Autofahrer absolut abstinent bleiben: Sonst zahlt beim Unfall die Versicherung nicht, und die Mietfirma könnte Ihre Kreditkarte mit dem kompletten Wagenwert belasten!